Asymmetrische Künstlerpaare

Hanns Sedlmayr

neobooks

Impressum

Verlag: Hanns Sedlmayr

Freischützstraße 17
81927München
sedlmayr@sedlmayr.de

epubli, ein Service der
neopubli GmbH, Berlin

Printed in Germany

Vorwort

Asymmetrie ist das Gegenteil von Symmetrie. Von Asymmetrie wird nur dann gesprochen, wenn es in dem jeweiligen Bereich auch symmetrische Formen gibt. In der Medizin wird von Asymmetrie gesprochen, wenn sich paarig angelegte Teile des Körpers wie Augen, Ohren oder Gliedmaßen nach Form, Größe oder Lage deutlich voneinander unterscheiden. In dem Wort Asymmetrie, wie es in den Sozialwissenschaften verwendet wird, steckt nicht nur die Ungleichheit, sondern auch die Beherrschung eines Partners durch den anderen.
Asymmetrische Künstlerpaare sind demnach Paare, die eine hoho Übereinstimmung in vielen Bereichen aufweisen, bei denen aber auch Asymmetrien vorhanden sind.
Kunst entsteht oft aus Paarbeziehung. Ich wollte das genauer wissen und schaute mir die Paarbeziehungen von Künstlern an, die mich mit ihrer Kunst berühren.

Es sind 26 Geschichten über Künstlerpaare, die Sie lesen werden.
Es sind Geschichten, die auf Tatsachen beruhen, aber es sind alles Geschichten, mit einer persönlichen Sicht auf das Paar und in denen auch die Phantasie nicht außen vor bleibt.

In den Geschichten geht es um die Rolle der Liebe in der Entstehung von künstlerischen Werken. In allen Geschichten trägt die Liebe zur Entstehung der Werke bei, in einigen Fällen ist das Leiden unter dem Verlust der Liebe, der einzige Grund für die Entstehung der Werke.

Die Erarbeitung der Geschichten hat Spaß gemacht, ich hoffe das überträgt sich auf den Leser.

Zu jeder Geschichte finden Sie Internetaufrufe, um das Gelesene zu ergänzen und zu vertiefen. Bei den Malern und Bildhauern ist das unumgänglich, hier sind es die Bilder und Skulpturen, die die Geschichten erzählen, legen Sie deshalb zum Lesen ihr Handy neben ihr Buch.

Diese Geschichten wurden für Leser geschrieben, die an der Kunst interessiert sind, sie sollen Ihr Interesse wecken, sich genauer mit den Künstlern zu beschäftigen, die sie mit ihrer Kunst beeindrucken, dafür wird ihnen reichlich Material für eigene Forschungen vorgeschlagen.

Inhalt

Henry Miller und Hoki Tokuda

Henry Miller verliebte sich als alter Mann in Hoki Tokuda. Eine sehr junge und schöne Japanerin. Sie war Sängerin, hatte Gesang studiert und sang in einer Piano-Bar Lieder aus dem amerikanischen Songbook. Sie liebte den amerikanischen Jazz.
Hoki raubte Henry den Schlaf. Er schrieb ihr, zahllose Briefe, die meisten schickte er nicht ab. Als Hokis Aufenthaltsgenehmigung ablief, heiratet sie Henry, um in den USA bleiben zu können. Nach einem Jahr verlässt sie ihn. Henry wollte ihren jungen, schönen Körper, aber mehr noch wollte er ihre Liebe. Er bekam sie nicht.
Hoki, hat 2011 ein Interview gegeben, sie war damals fast so alt wie damals Henry, als sie mit ihm verheiratet war.

Sie sagte:
"I kissed Henry just once and he was a terrible kisser," Tokuda says now, her mouth crooked,

like she's just tasted a lemon. "It was not romantic. It was all ... " she pauses, "wet."
"If Henry had been my grandfather, it would have been perfect. He was funny — I laughed all the time, and he liked my sense of humor."

Frau Tokuda hat sich, 40 Jahre nachdem sie mit Henry verheiratet war, noch für diese Heirat geschämt.

Es gibt ein Foto von Henri und Hoki aus der Zeit ihrer Ehe. Hoki hat ein Kopftuch auf. Ihr Gesicht ist sehr jung und sehr schön, ein bisschen verschlossen. Ihre Gestalt sehr zart. Henry ist ein Greis und sieht auch so aus. Er ist ein Greis, der wie ein Seeräuber im komfortablen Ruhestand aussieht.
Dass das, mit den beiden, nicht gut gehen konnte, ist für jeden Außenstehenden ersichtlich. Nur Henry wollte nicht wahrnehmen, dass sein alter Körper für eine junge Frau abstoßend ist.
Er hat zahllose Briefe an Hoki geschrieben, in denen er um ein wenig Zärtlichkeit bettelt. Er hat seine starke Waffe eingesetzt, seine Fähigkeit gut lesbare Texte zu verfassen. Das hat bei vielen Frauen gezogen. June, die Frau, die

er am heftigsten begehrte, ist, damit er schreiben konnte, für ihn auf den Strich gegangen, Bei Hoki hat das nichts genutzt. Ihr Englisch war eingeschränkt. Henry hat versucht japanisch zu lernen, Hoki hat ihm aber nicht genug Zeit gelassen, damit er japanische Briefe schreiben konnte.
Henry hat einen Text mit dem Titel "Insomnia oder die schönen Torheiten des Alters" verfasst. Der Text erzählt von seinen krassen Leiden an seiner unerfüllten Liebe, an die Demütigungen und Lügen, die er ertragen musste. Henry hat das getan, was er immer schon getan hat, er hat seine Leiden in Literatur verwandelt. Es ist ein kleiner, berührender Text, den er geschrieben hat. Nach meiner Einschätzung ist es der beste Text, den ich von Henry gelesen habe. Henry ist am Ende seines Lebens, wie Goethe in den Marienbader Elegien, noch einmal zur Höchstform aufgelaufen.
Bei Hoki nutzten Henry seine Schreibkünste nichts. Bei Ulrike von Levetzow hat Goethes Dichtkunst auch nichts bewirkt. Auch ein Genie, kann, als alter Mann, bei einer jungen, gebärfähigen Frau, keine Zärtlichkeit hervorzau-

bern, zu weit ist seine Erscheinung von ihren Wünschen entfernt.

Hoki hat sich im Alter, nicht an die sehnsüchtigen Brief, noch an die literarische Qualität des Buches, das er um ihretwillen geschrieben hat, erinnert, sondern nur an seine feuchten, ekligen Küsse.
Bei Goethe und Ulrike ist es zu keinen Küssen gekommen, das Ergebnis wäre sonst das gleiche gewesen.
Hier noch eine kleine Kostprobe, zuerst Goethe:

Der Kuss, der letzte, grausam süß, zerschneidend
Ein herrliches Geflecht verschlungner Minnen —
Nun eilt, nun stockt der Fuß, die Schwelle meidend,
Als trieb' ein Cherub flammend ihn von hinnen;
Das Auge starrt auf düstrem Pfad verdrossen,
Es blickt zurück, die Pforte steht verschlossen..

Dann Henry:
“Zuerst war es ein gebrochener Zeh, dann eine gebrochene Miene und schließlich ein gebrochenes Herz. Aber, wie ich schon irgendwo sagte, das menschliche Herz ist unzerstörbar. Man stellt sich nur vor, es sei gebrochen. Was

wirklich schwer mitgenommen wird, ist der Geist. Aber auch der Geist ist stark und kann, wenn man will, wiederbelebt werden. Jedenfalls weckte mich der gebrochene Zeh immer gegen drei Uhr morgens. Die Zauberstunde – weil ich mir um diese Zeit die meisten Gedanken darüber machte, was sie wohl tat. Sie gehörte zur Nacht und zu den frühen Morgenstunden. Nicht der frühe Vogel, der den Wurm erwischt, sondern der frühe Vogel, dessen Lied Verheerung und Panik anrichtet. Der Vogel, der kleine Samen des Kummers auf dein Kissen fallen lässt."

Quellen im Netz:
Interview mit Hoki Tokuda 2011finden Sie unter:
henry miller's last wife hoki tokuda
Bilder Henry und Hoki finden Sie unter:
bilder henry miller hoki tokuda

Henrys Buch über Hoki:
Insomnia oder Die schönen Torheiten des Alters, rororo 1977

Claire Bloom und Philip Roth

Clair Bloom und Philip Roth waren ein Traumpaar. Eine schöne und erfolgreiche Schauspielerin, die im Theater und im Film, herausragendes geleistet hat, und ein Ausnahme Schriftsteller, überhäuft mit Preisen, übersetzt in allen Sprachen, einer der wenigen Schriftsteller, die mit Schreiben wohlhabend wurden.
In der Mitte ihres Lebens, beide vom Erfolg verwöhnt, wurden sie ein Paar.
Nach fast 20 Jahren, trennen sie sich, auf Seiten von Philip mit Abscheu, fast Hass, auf Seiten von Claire, mit Trauer und ungestillter Sehnsucht.
Beide haben Bücher geschrieben, in denen sie einander Schmerzen zufügen.
Philip macht aus seiner Abneigung gegen Claire, am Ende ihrer Beziehung, Literatur, gekonnt und gnadenlos. Claire schreibt ein autobiographisches, ehrliches und nicht Literarisches Buch. Ihr Buch liest sich etwas mühsam, berührt mich aber mehr als alles, was ich von Philip gelesen habe.
Beim Lesen von Philips Büchern blieb bei mir immer ein Rest Unbehagen, weil immer nicht klar ist, ist das jetzt autobiographisch oder ist das fiktiv. Philip spielt mit dem Leser, er macht das aufregend gekonnt, es gehört zu seinem Schreibstil, es macht die Qualität seiner Bücher

aus. Mich ließ es aber immer mit einem Unbehagen zurück. Ich wollte wissen, wer ist dieser Autor in der Wirklichkeit. Was macht ihn so kreativ, wie kann er in so regelmäßigen Abständen, qualitativ so hochwertige Bücher schreiben. Ich sah mir seine letzten Interviews im Netz an. Sie zeigen einen, verletzlichen, introvertierten Herren. Seine Bücher zeigen Figuren, die ihr Innerstes nach außen kehren. Er ist ein Autor, der seine Figuren gnadenlos bloßstellt, der den Leser aufrüttelt, indem er ihm einen wenig schmeichelhaften Spiegel vorhält.

Philip erregt bei mir Neid. Ich würde gerne auch so schreiben können wie er.

Ich käme nie auf die Idee auf Thomas Mann eifersüchtig zu sein, er schrieb in einer anderen Liga, bei Philip ist es anders, er gehört in die Liga von Thomas Mann, aber er erregt trotzdem meinen Neid. Die Bücher von Thomas Mann sind fiktiv mit manchmal autobiographischen Bezügen. Philips Bücher sind gleichzeitig autobiographisch und fiktiv, in der Wahrnehmung des Lesers, aber mehr autobiographisch als fiktiv.

Philip nimmt die Themen aus seinem Leben und verwandelt sie in Literatur, ich schreibe auch über Themen aus meinem Leben, es kommt aber nur, falls überhaupt, Unterhaltung heraus.

Beim Lesen von Claires Biografie, hatte ich endlich das Gefühl, zu wissen, wer ist dieser Philip. Ein genialer Schriftsteller, das wusste ich bereits. Er war, zumindest gegenüber Claire, auch ein Schuft. Er hat, wahrscheinlich auf Anraten seiner Anwältin, Claire nach 15 Jahren Zusammenleben ohne Trauschein, geheiratet, weil er sie loswerden wollte. Er wusste, dass nur eine junge Frau ihn aus seiner Depression herausholen kann, und er hatte Angst, aufgrund der vielen Jahre, die er mit Claire zusammengelebt hatte und des gewaltigen Einkommensunterschiedes, zwischen Ihnen, eine hohe Trennungsentschädigung, zahlen zu müssen. Er wusste wie sehr sich Claire danach sehnte, von ihm geheiratet zu werden. Er legte ihr einen Ehevertrag vor, der ihn nach einer Scheidung von allen Ansprüchen freistellt, er wusste, dass sie alle seine Bedingungen akzeptieren wird, weil sie ihn liebt, und er wusste, dass sie nach der Scheidung nicht die Mittel haben wird, gegen den Ehevertrag zu klagen. Infamer weise hat er ihr eine großzügige finanzielle Zuwendung während der Ehe gewährt.
Philip hat nach fast 20 Jahren Zusammenleben, und trotz seines Reichtums, Claire mit 100 000$ abgefunden. Bei einer Trennung, ohne Heirat, wäre das sehr viel teurer geworden. Blooms Lebensstil, hat sich nach der Trennung

drastisch verschlechtert, sie musste aus der teuren, gemeinsamen Wohnung ausziehen und in eine kleine, einfache Mietwohnung ziehen und ihren Lebensunterhalt, trotz eines Alters, indem Schauspielerinnen nur schwer einen Job finden, als Schauspielerin, zumindest aufstocken.
Es gibt ein Video von Philip, er ist in den Achzigern, in der ihn die Interviewerin auf Claire anspricht, er verweigert jeden Kommentar, und sieht dabei aus wie ein Bübchen, dem die Mamma weggelaufen ist. Sein Gesicht zeigt Schmerz, da war jemand der ihm weh getan hat und auf den er böse ist. Trotz seines hohen Alters hat sein Gesicht etwas trotzig, kindliches.
Philip hat sich, nach drei Jahren Ehe, scheiden lassen, weil es in seinem Leben eine neue Frau gab, eine sehr viel jüngere Frau, eine gemeinsame Freundin von ihm und Claire.
Ich denke sein Schmerz rührt nicht aus seiner Trennung von Claire, sondern aus dem Buch, das Claire geschrieben hat. Es hat sein literarisches Spiel mit Realität und Fiktion an einer Stelle zerrissen. Es zeigt das hässliche Gesicht von Philip Roth. Sie hat ihn mit seinen Waffen verletzt und sie ist die glaubwürdigere.

Ein Leben lang war Philips Motto, Verschwiegenheit im privaten, realen Leben und ein Ver-

steckspiel hinter seinen Romanfiguren, die er gnadenlos auszog und auch der Lächerlichkeit Preis gab, aber dabei den Leser immer im Unklaren, über den wirklichen Philip, ließ.
Philip ist im Alter zunehmend zu einem ängstlichen, verschlossenen Bübchen mutiert.
Ich denke er konnte sich mit seinem Altwerden nicht abfinden, er brauchte immer noch junge Frauen, die ihm die Illusion gaben, noch voll im Leben zu stehen. In seinen letzten Jahren ist ihm das noch einmal gelungen. Eine angehende Schriftstellerin, Lisa Halliday, 25 Jahre alt, hat mit ihm geschlafen und das auch in einem Buch beschrieben. Sie hat seine vielen Operationsnarben detailliert wiedergegeben. Sie schreibt:
„From his stomach all the way up to his sternum ran a pink, zipperlike scar. Another scar bisected his leg from groin to ankle. Two more made a faint circumflex above his hip. And that was just the front."
Sie fährt fort:
„Who did this to you?"
„Norman Mailer." Antwortet der Großschriftsteller.
Sie schreibt auch:
„His skin was lined and cool. His lips were soft – but then his teeth were behind them."

In Philips Roman EXIT GHOST wurde der Er-

zähler an Prostatakrebs operiert und ist impotent, verliebt sich in eine junge Frau und träumt davon Sex mit ihr zu haben.
Philip gibt sein Alter Ego, in diesem Roman, der Lächerlichkeit Preis.
Die Wirklichkeit eines Beischlafs mit einer jungen Frau, versöhnt die traurige Fiktion seines Alter Egos, in seinem Roman. Philip hat das Buch, der jungen Schriftstellerin gefördert, es muss herrlich für ihn gewesen sein, mit seiner Schülerin an diesem Buch zu arbeiten. Philip ist noch einmal, von einem ängstlichen Bübchen, zu einem Mann geworden, der voll im Leben steht. Diese Geschichte ist es wert auch erzählt zu werden und kommt später.

Von Claire gibt es ein Bild im Netz. Sie ist 87 Jahre alt, Philip ist gerade gestorben. Es zeigt eine Frau mit einem offenen, lebhaften und lebensfrohen Gesicht, sie verstellt sich nicht. Es ist ein Gesicht mit den Spuren eines langen Lebens, es ist ein Gesicht das zu betrachten angenehm ist. Sie war in ihrer Jugend eine Schönheit, in ihren mittleren Jahren eine attraktive Frau, im Alter ist sie ein anziehender, gefühlvoller Mensch, dem ins Gesicht zu schauen ein Vergnügen ist.

Sie war in Ihrer Branche nicht vergessen und hat mit 80 Jahren in dem Film „A king’s speech“ noch eine Rolle als Königin Mary bekommen.

Quellen im Netz:
Fotos zu Claire Bloom und Philip Roth finden Sie unter:
philip roth and claire bloom photos
Claire Bloom Wikipedia
Philip Roth Wikipedia

Roman von Lisa Halliday in dem Philip Roth vorkommt:
Lisa Halliday: Asymmetrie. Aus dem Englischen von Stefanie Jacobs. Hanser, 320 S.,

Oda Jaune und Jörg Immendorff

20.10.2018
Gestern war ich in der Immendorff Ausstellung im Haus der Kunst. Ich fand die Bilder originell, durchaus sehenswert, auch witzig, die aufgeblasenen Babys, die Café Deutschland Bilder, durch die Immendorffs Lehrer Beuys geistert, die späten Selbstporträts, in denen seine Krankheit sichtbar wird.
So richtig bewegt, aber hat mich keines seiner Bilder. Immendorf ist in seinem Anliegen, seine Kunst soll politisch wirken, sympathisch, er steht auf der richtigen Seite. Er ist für den Arbeiter, das ist auf einem Bild gleich am Eingang zu sehen, einem Atelierbild, es zeigt Immendorff, erkennbar an Lederjacke und Bart, vor einem Bild, auf dem ein riesiger Arbeiter zu sehen ist, neben dem Arbeiter steht, in den Hintergrund gedrängt, ein Manager, erkennbar an der Krawatte.
Er ist für einen Abbruch der Mauer, das zeigt er in einem Bild seines düsteren Café Deutschland Zyklus, eine Faust durchbricht eine Mauer und streckt die Hand nach der anderen Seite

aus, in der anderen Hand hält er einen Pinsel, es sind natürlich die Hände Immendorffs.
Er ist ein Künstler, der für die Idee einer gerechten und menschlichen Welt brennt, das zeigt die Münchner Ausstellung, aber ist er auch ein Maler, der mit seinen Bildern mehr kann als politisch aufzurütteln?
Ich denke Immendorf ist mit seiner Malerei ein rotziger und unbestechlicher Zeitzeuge, wenn man den Zeitbezug rausnimmt, bleibt wenig übrig. Er hat als Zeitzeuge Gewicht, nicht als Maler.

21.10.2018
Eine malende Freundin, machte mich auf die Bilder von Immendorffs Frau, Oda Jaune aufmerksam. Ich recherchierte im Internet und fand Bilder, die mich bewegen. Oda Jaune malt Bilder, die mich verstören und irritieren. Es sind Bilder, die jenseits der Sprache wirken. Sie öffnen ein Fenster in das Unaussprechliche. Es sind Bilder, die süchtig machen nach dieser verborgenen Welt und gleichzeitig Angst machen.
Als ich mir auch Fotos der Malerin anschaute, wurde ich aufgeregt. Diese Frau ist von einer unwirklichen Schönheit.
Sie wurde mit 18 die Schülerin von Immendorff, mit 20 seine Frau und mit 27 seine Witwe und kein Zweifel, sie hat den, schon bei der Hoch-

zeit greisenhaften und kranken Immendorff, geliebt. Sie liebt ihn über den Tod hinaus. Die Fotos, die sie mit ihrem Mann zeigen und die Schlichtheit, mit der sie nach seinem Tod, in Interviews, über ihn spricht, zeigen das.

Bei den Bildern des Ehepaars Trump ist unschwer zu sehen, das ist eine gekaufte Frau, die mehr Gleichgültigkeit als Zuneigung für ihren Gatten verspürt und nur sich selbst inszeniert. Die Fotos von Oda Jaune, bei der Trauerfreier für ihren Mann, zeigen im Gesicht Odas den Schmerz, den sie über den Tod ihres Mannes empfindet, dieser Schmerz lässt sich nicht vortäuschen.

Dem Stern gab Oda Jaune ein Interview, das sehr hilfreich ist, um sie als Mensch und Malerin zu verstehen. Ich zitiere im Folgenden daraus:
Über das lange Sterben Immendorffs sagt Oda: „Er ist langsam verschwunden. Jeden Tag ein Stück mehr. Und dann war er plötzlich weg." Als sie gefragt wird, was sie heute empfindet, wenn sie an ihn denkt? "Liebe, die nicht vergeht", sagt sie. "Und großen Respekt für sein Künstler-Sein. Die Kraft, mit der er bis zum Ende Kunst erschaffen hat."

Die Bilder Oda Jaunes sind krass, eine Hand

die mit dem Feuer einer Kerze spielt und bei der schon einige Finger schwarz sind, ein Paar, das sich Küsst und aus deren Kuss ein ekeliger Sack quillt, ein Paar, das sich aneinander lehnt und deren Köpf miteinander verwachsen sind, ein weißer Busen, auf den zwei Hände drücken und aus dem aus der Brustwarze eine roter langer, erigierter Wurm wächst. Eine Fußpflegerin, die an Füßen arbeitet, die ab der Hüfte in einen schwarzer Stumpf übergehen, die Kollegin daneben arbeitet an einem kleinen Teil, scheint aber zu der Figur mit dem schwarzen Stumpf zu gehören, eine Hand in deren Handfläche zwei küssende Münder zu sehen sind.
Oda Jaune kann realistisch malen, darin ähnelt sie Dali. Ihre Bilder sind so rätselhaft, wie die von Dali, sie sind aber härter. Dali ist oft verspielt, seine Rätsel sind oft harmlos.
Andere Maler, denen Oda Jaune nahe kommt sind Max Ernst oder René Magritte. Es gibt Bilder von ihr, die könnten auch von Max Ernst oder Magritte sein. Ein Beispiel dafür ist das Bild mit dem erigierten Wurm, der von zwei Händen aus einem Busen gedrückt wird.

Die französische Kunstsammlerin Anouk Martini befand: "Oda zeigt uns Dinge, die wir lieber nicht sehen wollen."
Das trifft den Kern der Aussage ihrer Bilder, sie

macht uns süchtig, in diese unbekannte Welt vorzustoßen.

Oda Jaune erklärt ungern ihre Bilder. In dem Interview mit dem Stern gibt sie aber doch etwas preis: "Die Realität, die Oberfläche interessiert mich nicht. Mich interessiert das, was tiefer geht. Was unerklärlich und unbequem ist, was wir verdrängen. Grausamkeit zum Beispiel. Oder Deformation. Aber eines wird oft missverstanden: Meine Arbeiten sind nicht brutal. Sie sind voller Zärtlichkeit."
"Ich lasse beim Malen etwas aus den Tiefen meines Unterbewusstseins hinaus in eine Welt, in der alles möglich ist. Und diese Welt ist die Leinwand. Aber die Dämonen selber, sie kommen nicht aus dem Unterbewusstsein, sie sind die Geschöpfe der brutalen Welt um uns herum. Grausamkeit und Verbrechen muss ich mir nicht ausdenken. Ich kann sie nur transformieren."

Die Überschrift über den Artikel im Stern lautet: „Die abgründig schöne Witwe von Jörg Immendorff ", es ist nicht schmeichelhaft abgründig schön zu sein, aber wenn man verkürzen muss, trifft es zu. Oda Jaune ist nicht von dieser Welt. Sie gehört zu den schönsten Frauen

in dieser Welt, aber sie ist nicht so, wie die schönsten Frauen in dieser Welt. Schöne Frauen lieben Männer, die mitten im Leben stehen, Oda liebt einen kranken, greisenhaften Mann, dessen Leben zur Neige geht, sie liebt ihn wegen seines Künstlertums, er ist eine verwandte Seele. Es ist keine platonische Liebe, sie bekommt ein Kind von ihm, es gibt Fotos, auf denen sie ihren Mann umarmt, und auf denen die Zärtlichkeit zu sehen ist, die sie für ihn empfindet.
Was für eine Frau, schön, empfindsam, nur ihren Gefühlen verpflichtet und eine Malerin, die es mit Dali, Max Ernst und René Magritte aufnehmen kann.

Ein anrührendes Detail ist noch, dass die Frau, die vielleicht noch schöner als Oda ist, ihre Tochter Ida Immendorff ist.

Quellen im Netz:
Bilder von Oda Jaune finden Sie unter:
bilder von oda jaune
Bilder von Jörg Immendorf finden Sie unter:
bilder von jörg immendorff
Fotos von Oda Jaune und Jörg Immendorf:

fotos von oda jaune und jörg immendorff
Interviews mit Oda Jaun zu finden unter:
oda jaune zeit 2009/14
oda jaune die abgruendig schöne witwe

Leonora Carrington und Max Ernst

Die Geschichte von Leonora Carrington und Max Ernst ist eine Liebesgeschichte voller dramatischer Wendungen. Leonora ist die Tochter eines reich gewordenen Textilfabrikanten, sie wächst in einem Herrenhaus auf. Leonora zeichnet und malt, schon als kleines Mädchen. Sie ist ein rebellisches kleines Mädchen und muss zweimal die Schule wechseln. Sie erkennt schon sehr früh, dass sie Malerin werden möchte. Ihr Vater versucht diesen Wunsch zu unterdrücken, ihre Mutter ermutigt sie dazu. Der Vater erhofft sich, durch eine Einheirat seiner schönen Tochter in den Adel, einen Aufstieg der Familie in die Oberschicht. Leonora wird als Debütantin dem König vorgestellt, sie wächst mit Pferden auf und ist eine gute Reiterin.
Ihre Mutter schenkt ihr ein Buch über den Surrealismus. Den Umschlag zierte Max Ernsts „Zwei Kinder werden von einer Nachtigall bedroht", eine Collage, die heute im New Yorker Museum of Modern Art hängt. Auf diesem finsteren Bild stiehlt sich eine geisterhafte Gestalt, mit einem geraubten Mädchen, über das Dach eines Gartenhauses davon. Leonora ist begeistert. Diese Maler malen so, wie sie es schon

immer getan hat, mit ausufernder Phantasie, ohne Regeln, ohne Rücksicht auf die Wirklichkeit. Ihre Malerei ist keine Ausgeburt einer kindlichen Phantasie, sondern ernsthafte Malerei, die von klugen rebellischen Männern betrieben wird. In diese Welt will sie eintauchen und dazugehören.
Leonora beginnt ein Kunststudium in London. Bei einem Abendessen, zu dem Erno Goldfinger geladen hat, - der ungarische Architekt und Namensspender für Ian Flemings Bond-Schurken - er ist mit einer Freundin verheiratet, die Leonora während ihres Kunststudiums kennenlernte, trifft Leonora auf Max Ernst. Leonora ist 20, Max Ernst 46. Er ist ein bekannter Maler, aber einer, der ständig Geldsorgen hat und einer der verheiratet ist. Max ist in London, weil Bilder von ihm in London ausgestellt werden. Es ist eine Liebe auf den ersten Blick. Leonora wird die Geliebte von Max Ernst. Ihr Vater bekommt Wind von ihrer Beziehung zu Max. Er empfindet die Malerei von Max als obszön und erstattet Anzeige gegen Max. Max soll verhaftet werden. Leonore und Max fliehen aufs Land, nach Cornwall, zu Freunden von Max. Leonora lernt dort Man Ray und die wunderschöne Fotografin Lee Miller kennen.
Ein letztes Mal fährt Leonora zu ihren Eltern. Sie erklärt ihnen, sie wolle in Frankreich, mit dem Maler Max Ernst, ein neues Leben begin-

nen. Ihr Vater sagt ihr: „Sie solle nie mehr die Schwelle zu seinem Haus überschreiten und sie würde in Zukunft keinerlei Unterstützung von den Eltern erhalten.“

Leonora und Max gehen zuerst nach Paris. Dort lernt sie Picasso, Breton und Dali kennen. Leonora ist in der Welt angekommen, nach der sie sich schon als kleines Mädchen gesehnt hat. Einer Welt, in der die freie Entfaltung der Phantasie im Vordergrund steht und einschränkende gesellschaftliche Normen abgeschafft sind.

Nachdem Leonore ihre neue Freiheit in Paris ausgiebig genossen hat, zieht das Paar weiter in den Süden Frankreichs, dort kauf Leonora, mit Hilfe ihrer Mutter, ein altes Bauernhaus und lebt und arbeitet dort zusammen mit Max. Max lässt sich scheiden.
Es entstehen wichtige Werke bei beiden Künstlern.
Bei Kriegsausbruch wird Max, als deutscher Staatsbürger, in ein französisches Lager eingesperrt. Leonora verkraftet den Abschied von Max nicht und erleidet eine schwere Depression. Als die deutsche Armee näher rückt, bringt eine Freundin Leonore über die Grenze nach Spanien, vorher verkauft Leonore das Haus. Sie lässt ihre Bilder und die von Max zurück.

Leonora ist in Spanien depressiv und wird, auf Anweisung ihrer Familie, in eine Klinik für psychisch Kranke eingewiesen. Sie wird dort mit Elektroschocks therapiert. Es gelingt ihr aus der Klinik zu fliehen. Sie erinnert sich an einen Mann, den sie in Paris kennenlernte, der in Madrid in der mexikanischen Botschaft arbeitet. Sie geht in die Botschaft und er ist da. Er ist ein gutaussehender Diplomat und Schriftsteller. Leonore will auf keinen Fall zurück nach England. Der Diplomat will nach Mexiko zurückkehren, Europa ist faschistisch geworden. Damit Leonora nach Mexiko mitreisen kann, heiraten die Beiden.

Das Ehepaar reist nach Lissabon, um dann über New York nach Mexiko zu reisen.
Auf einem Markt in Lissabon gibt es ein dramatisches Zusammentreffen.
Max Ernst wurde beim Näherrücken der deutschen Armee entlassen, er ist in das Haus, das er gemeinsam mit Leonore bewohnte, zurückgekehrt, dort gibt es einen neuen Besitzer, die Bilder sind aber noch da, und Max nimmt alles mit, was er auf einen kleinen Lieferwagen laden kann. Bei seinem Versuch, Frankreich zu verlassen, erfährt er, dass er auf einer Liste von Künstlern steht, denen eine Stiftung, die Ausreise nach Amerika ermöglicht. Hinter der

Stiftung steht die reiche Amerikanerin und Kunstsammlerin Peggy Guggenheim. Er kennt sie persönlich, sie hat ihn einmal gedemütigt, in dem sie, bei einem Atelierbesuch, Leonora ein Bild abkaufte und nicht ihm. Es war das erste Mal, dass Leonora ein Bild verkaufte.
Er meldet sich in Marseille bei dieser Einrichtung, trifft auch wieder auf Peggy Guggenheim und wird ihr Liebhaber.
Auf einem Markt in Lissabon treffen vier Menschen zufällig zusammen. Max Ernst in Begleitung von Peggy Guggenheim und Leonore in Begleitung ihres frisch vermählten Ehemanns. Max Ernst rastet aus, als er erfährt, dass Leonora geheiratet hat. Leonora bleibt kühl.

Leonora und ihr Mann reisen per Schiff nach New York. Peggy und Max nehmen das Flugzeug. Leonora übernimmt die von Max aus Frankreich geretteten Bilder.
In New York erwarten Peggy und Max angespannt das Eintreffen von Leonora und ihrem Mann. Peggy ängstlich, Max wieder zu verlieren, Max aufgewühlt, er will Leonora zurückhaben.
Die geretteten Bilder werden aufgeteilt. Max schenkt Leonora sein Bild „Leonora im Morgenlicht“ und Leonore schenkt Max ihr Bild „Max mit dem gefrorenen Pferd“.

Leonora hat ihr Bild, bis an ihr Lebensende behalte, ihre Söhne haben es dann für eine Million Dollar verkauft. Max hat sein Bild Peggy übergeben.

Ein großer Teil der Freunde aus Paris ist inzwischen in New York angekommen.
Max versucht verzweifelt Leonora zurückzugewinnen, vergeblich, Leonora reist nach einem kurzen Aufenthalt in New York weiter nach Mexiko.

Ein letztes Mal malt Max Leonora. Er nennt das Bild „La Fuite", die Flucht.
Dass Leonore Max eines Tages verlassen wird, ist auf dem Bild, das sie von ihm in Frankreich gemalt hat, zu sehen. Ihr Alter Ego sind Pferde, von Max Vögel. Das Pferd auf ihrem Bild ist gefroren. Das gefrorene Pferd zeigt nicht die liebende Frau, sondern die Künstlerin, die durch die Liebe zu einem Mann, in ihrem Künstlertum eingeschränkt ist. Den Söhnen vertraute sie an, dass Max ihre große Liebe war, und, dass die Jahre mit ihm, die schönsten in ihrem Leben waren. Sie sagte ihnen auch, dass sie Max zu sehr geliebt hat, dass er sie von ihrer noch größeren Liebe, der zur Kunst, abgelenkt hat.
Leonora hat es vorgezogen, mit einem Mann, den sie nicht geliebt hat, in ein unbekanntes

Land, mit einer unbekannten Sprache, einer unbekannten Kultur, ohne Freunde in diesem Land, zu ziehen, anstatt in New York zu bleiben, mit dem geliebten Mann und einem Kreis von guten Freunden, einige davon Genies.

Quellen im Netz zu finden unter:
Leonora Carrington Wikipedia
Max Ernst Wikipedia
Leonora Carrington Bilder
Max Ernst Bilder
Gina Thomas in der FAZ: FAZ zum Tod von Leonora Carrington

Video:
Talks and lectures Leonora Carrington

Naima und Ernest Butler

27.10.18
Ein Freund und Geschäftspartner und seine Freundin besuchen mich in München. Am Abend gehen wir in Mister B.'s Jazzclub. Naima und ihr Vater Ernest Butler sind, zusammen mit dem Gitarristen Bernd Huber, im Programm angekündigt.
Wir sind zu spät, unsere Reservierung gilt nicht mehr. Wir bekommen aber trotzdem, auf herbeigeholten Hockern, Platz. Die 25 Sitzplätze sind wie immer vergeben, ein paar Stehplätze gibt es noch. Mister B.'s Jazzclub war einmal ein Laden, die Musiker sitzen und stehen im Schaufenster. Beim Reingehen fällt mir auf, dass der Platz im Schaufenster, an dem normalerweise Ernest Butler sitzt, von einem jungen Bassisten besetzt ist. Ernest ist aber da. Er sitzt auf einem Barhocker, er wirkt angeschlagen und wacklig. Ernst hat einen schweren, großen Leib, eine dunkle Hautfarbe, weiße gekräuselte Haare und ein liebenswertes Gesicht. Sein Gesicht ist weder afrikanisch noch europäisch, vielleicht indianisch. Er könnte der Papa von Winnetou sein. Er kümmert sich um

Kinder von traumatisierten US Veteranen. Im früheren Leben war Ernst Butler Lehrer, dann eine Zeitlang Basketball Profi. Er hat den entscheidenden Korb, aus zwölf Metern Entfernung, geworfen, mit dem der MTV Gießen, in der Saison 1964/65, Deutscher Meister wurde. 1965 wechselte er zum FC Bayern nach München.

Später stellt sich heraus, dass auch Alex Best, das ist der vollständige Name des Inhabers, angeschlagen ist. Alex ist rabenschwarz und hat einen glänzenden, kahlen, birnenförmigen Kopf und ein freundliches Gesicht. Er stammt aus Brooklyn. Er hat immer eine Fliege und eine Weste an. Er mixt die Drinks mit großer Sorgfalt. Jedes Glas hebt er an das Licht und putzt es sorgfältig mit einem Tuch. Auch wenn der Laden zu bersten droht, weil so viele Leute hereindrängen, behält er die Ruhe. Er weist nie jemand ab, das Ganze regelt sich von selbst, einige halten das Gedrängel nicht aus und gehen. Alex macht alles alleine, er nimmt die Bestellungen auf, mixt die Drinks und kassiert. Es dauert manchmal etwas, aber er vergisst niemand. Alex spricht nur dann deutsch, wenn es sich gar nicht vermeiden lässt. Heute kommt seine Frau und hilft aus, das ist ungewöhnlich. Naima ist auch da, sie ist heute ernster und nachdenklicher, als ich sie in Erinnerung habe.

Ich habe sie ein paar Jahre nicht gesehen. Zu Beginn reicht sie das Mikrofon an Ernest weiter. Ernest stellt die Band vor, dann macht er eine kleine Pause und erzählt: „Normally, I am playing with the band, but I am under water right now”.

Die Band beginnt mit einigen Jazz Standards, und wechselt dann zu Country and Western und Naima singt Kris Kristofferson‘s „Come Lay Down By My Side“.

Es ist ein wunderbarer Text:

Take the ribbon from your hair
Shake it loose and let it fall
Layin' soft upon my skin
Like the shadows on the wall
Come and lay down by my side
Till the early mornin' light
All I'm takin' is your time
Help me make it through the night
I don't care who's right or wrong
I don't try to understand
Let the devil take tomorrow
Lord tonight I need a friend
Yesterday is dead and gone
And tomorrow's out of sight
And it's sad to be alone

Naima singt mit geschlossenen Augen, sie ist in die Musik versunken, ihre Stimme ist weich und zerbrechlich. Ernest hört ihr, mit geschlossenen Augen und leicht nachvorne gesunkenen Oberkörper zu, auch er ist in die Musik versunken, er hat die Arme verschränkt und klopft, mit den Händen auf seinen Oberarmen, den Rhythmus mit.

Der nächste Song ist Peggy Lee's „Fever."
In dem Song gibt es den Abschnitt, in dem sich die Indianerin Pocahontas, in Kapitän Smith verliebt. Diese Geschichte hat sich tatsächlich ereignet. Pocahontas ist mit Kapitän Smith nach England gesegelt und wurde dem König vorgestellt.

Cap'n Smith and Pocahontas
Had a very mad affair
When her daddy tried to kill him
She said, Daddy, oh, don't you dare!

He gives me fever
With his kisses
Fever when he holds me tight
Fever! I'm his missus
Daddy, won't you treat him right?

Naima singt auch diesen Song eher verhalten und ein wenig melancholisch.

Der nächste Song ist „I wanna be like you“, aus dem Dschungel Buch.
Als Naima den Song beendet, wiederholt sie den Titel. Ihr kleiner Finger zeigt dabei auf ihren Daddy.

Nun singen Naima und Ernest ein Duett. „It's cold outside.“
Ernest macht einen kleinen Ausflug in den Scatgesang. Ihre Köpfe sind jetzt eng beieinander, es ist zu sehen, dass hier zwei verwandte Seelen singen.

Meine Gäste haben noch eine lange Heimreise, wir verlassen Mister B.‘ nach dem zweiten Set. Als wir gehen, sitzt Ernest auf einem kleinen Hocker, Naima sitzt neben ihm und hat den Arm um seine Schulter gelegt, ihr Gesichtsausdruck ist ängstlich, es ist erst ein paar Jahre her, dass ihr Freund an einem Gehirntumor gestorben ist, er war der zukünftige Wiesenwirt des Hackerzeltes. Sie wäre eine wunderbare Wiesenwirtin geworden.

Naima Butler, wird ihren Vater verlieren, das ist unausweichlich, es wird sie hart treffen, es ist zum zweiten Mal, dass sie ihre große Liebe verliert.

An dem Abend, von dem ich berichtete, sang sie ergreifender als sonst, ihre Wehmut über die Gebrechlichkeit ihres Vaters, war in ihren Gesang zu hören. Ich habe ein paar Wochen zuvor, eine Aufführung von Mahlers Achter Symphonie gehört, Naima hat mich viel stärker ergriffen.

Meine Gäste sind berührt von der Musik und den Menschen.

Francis Bacon und George Dyer

Es gibt zwei Versionen, wie Francis Bacon und George Dyer sich kennenlernten. Nach der einen überraschte Bacon Dyer, als er gerade dabei war sein Haus, im Süden von London, auszurauben, anstatt ihn anzuzeigen lud er ihn ein, mit ihm ins Bett zu gehen.
Nach der anderen, hat Dyer Bacon in einem Pup zu einem Drink eingeladen.
Bacon steht zu der Zeit an der Spitze der Rangliste der zehn bedeutendsten lebenden Künstler. Dyer Ist ein gleichermaßen depressiver wie gewaltbereiter Kleinkrimineller.
Sieben Jahre lang hatten die Beiden eine Liebesbeziehung.
Dyer inspiriert Bacon zu zahllosen Gemälden. Bacons malerische Kreativität explodiert. Seine internationale Anerkennung wächst. Es entstehen Bilder von Dyer, in denen der gewaltbereite Kleinkriminelle zu sehen ist, aber auch die männliche Attraktivität Dyers. Es sind Bilder, die immer noch verstören, aber auch anziehen, in denen sogar so etwas wie Schönheit aufblitzt.

Das ist neu bei Bacon. Er wurde berühmt als der Maler des Hässlichen. Torsohafte, verkrüppelte Körper, bluttriefende Fleischmassen und verstümmelte Kadaver sind auf seinen Bildern dargestellt. Exzessive Gewalt dominiert seine Bilder.
Bacon ist jetzt, mit seinen Dyer Bildern, nicht milde geworden. Die Bilder sind heftig, sie zeugen auch von der sexuellen Anziehungskraft, die gerade der Kriminelle Dyer, auf Bacon hat. Dyer hat in seinem Erwachsenen Leben mehr Zeit im Gefängnis, als in Freiheit verbracht.
Der Kleinkriminelle gerät bald in Abhängigkeit zu dem Künstler, der über unbeschränkte Geldmittel verfügt. Dyer versteht die Kunst Bacons nicht, er hält die Leute für verrückt, die solche Unsummen für die Bilder Bacons ausgeben. Er ist bei allen Ausstellungseröffnungen dabei und gibt sich dabei gerne als das Modell zu erkennen. Es sind viele Ausstellungen, die Bacon in diesen Jahren eröffnet, sein Ruhm wächst.
Dyer wird zunehmend zum Schoßhündchen Bacons und verliert dadurch seine männliche Anziehungskraft. Bacon verwendet ihn auch immer weniger oft als Modell.
Zur Eröffnung der großen Bacon Retrospektive im Pariser Grand Palais am 24. Oktober 1971 reist Dyer mit. Bacon beachtet ihn nicht, er ist

mit der Vorbereitung der Ausstellung beschäftigt.
Am Vorabend der Eröffnung wird George Dyer tot in seinem Hotelzimmer aufgefunden, nackt und zusammengekauert auf dem Toilettensitz. Dyer hat seinen Tod mit Tabletten und Alkohol herbeigeführt.
Der Krieg ist zurück im Leben Bacons. Es ist das zweite Mal, dass er einen Geliebten durch Selbstmord verliert.
Er verarbeitet den Suizid in mehreren Bildern. Es sind Bilder in denen das Grauen und der Schmerz, den er über den Tod seines Freundes empfindet, den Betrachter anspringt.

In einem grausamen Triptychon (Sie finden es unter triptych may june 1973) malt er den Selbstmord seines Freundes.
Im Mittelteil, im oberen Teil, ist ein Tier mit ausgebreiteten Flügeln zu sehen, das auf einer Lampe sitzt. Im unteren Bildteil ist ein riesiger Schatten zu sehen, der von einem geflügelten fledermausartigen Wesen stammt. Im Gesicht Dyers ist die Bereitschaft zum Tod und die Angst vor dem Tod zu sehen. Das rechte Triptychon zeigt Dyers Gesicht, mit aufgerissenem Mund und geschlossenen Augen. Er kotzt in das Waschbecken. Das linke Triptychon zeigt den nackten Dyer mit einem zerstörten, affenartigen Gesicht. Dieses Bild erzählt eine grau-

enhafte Tat in allen Details, es ist ein Bild mit Farben und Formen, die schön sind. Dieses Bild kann auch über dem Sofa im Wohnzimmer hängen, es zeigt die Wahrheit über das was Menschen passieren kann. Es zeigt diese Wahrheit in einem ästhetischen Gewand, eine Wahrheit die konsumierbar ist, die keinen Ekel hervorruft, weil es die Wahrheit über das erzählt, was im Leben passieren kann. Dieses Bild zeigt dem Betrachter, dass das Leben hässlich und voller Grauen ist, dadurch, dass es dem Maler gelungen ist, das Grauen sichtbar zu machen, wird das Grauen weniger bedrohlich, es kann dargestellt werden, es kann in Kunst verwandelt werden.

In einem zweiten Triptychon malt er seine Schwermut und Verlassenheit nach dem Tod Dyers.

Von Brian A. Oard gibt es eine Beschreibung, die in einer ätzenden Sprache geschrieben ist, sie kommt der Bildsprache Bacons sehr nahe.

Geben Sie in Ihrem Browser „altarpiece-for-an-atheist“ ein und sie finden seinen Artikel mitsamt dem Bild und lesen sie ihn im Original.

Das Bild erzählt eine komplexe Geschichte, eine Geschichte, die sich nur über ein langes

Nachdenken über das Bild und durch einige Fakten im Leben Bacons erschließt, der Artikel von Brian A. Oard ist dafür eine gute Hilfe.

Ich will hier nur auf die Essenz seines Artikels eingehen und den letzten Satz zitieren:

“This is Francis Bacon’s devotional triptych for an age of atheistic Existentialism. It is an altar-piece for our time.”

Quellen im Netz:

Brian A. Oards Artikel finden Sie unter:
Altarpiece for an atheist
Fotos von Bacon und John Dyer unter:
fotos francis bacon john dyer
Gemälde von Bacon und John Dyer unter:
Gemälde francis bacon john dyer
Biografie:
Michael Peppiatt: Francis Bacon in Your Blood (English Edition)

Lee Miller und Man Ray

Lee Miller machte in den zwanziger Jahren des letzten Jahrhunderts, in New York, Karriere als Model, das fand sie aber langweilig, sie sah Fotografien von Man Ray in der gleichen Zeitung, in der auch sie abgebildet war (Voque) und ist so beeindruckt, dass sie beschließt nach Paris zu reisen und seine Assistentin zu werden. Das gelingt auf Anhieb, Lee Miller ist 22 Jahre alt und eine mädchenhafte Schönheit. Sie wird die Geliebte und die künstlerische Partnerin von Man Ray. Lee Miller war klug und kreativ. Man Ray war meist hinter der Kamera und Lee war das Model, die Entstehung der Bilder erfolgte aber in gemeinsamer Arbeit. Es entstanden Fotos von großer Originalität und Schönheit. Man Ray verfällt in eine obsessive Liebe zu Lee Miller, die auch in seinen Werken sichtbar wird. In vielen Werken findet eine merkwürdige Fragmentierung des weiblichen Körpers statt.
In einer Auftragsarbeit für die Pariser Elektrizitätswerke und einem weiteren Portrait von Lee ist das zu sehen (siehe im Netz unter: lee miller by man ray).

Lee Miller erhielt, durch Man Ray, Zugang zu den Surrealisten und wurde, durch ihre Klugheit und Schönheit, zu einem Mittelpunkt in dieser Szene. Zu den Freunden gehörten Picasso, Max Ernst, Paul Éluard, Joan Miró, Dali und Jean Cocteau, in dessen Film "*Le Sang d'un poète", sie die Hauptrolle spielte*.

Die Surrealisten verachteten jede Art von gesellschaftlichen Zwängen. In einer Szene, die 5 Jahre später spielt ist das fotographisch festgehalten. Die Szene spielt in Cornwall auf einem Landgut, das der englische, surrealistische Maler Penrose, Lees späterer Ehemann, gemietet hatte, es ist eine fröhliche Gesellschaft mit herausragend schönen Frauen, eine davon Lee Miller, auf einem Bild, greift ein Mann seiner Nachbarin zwischen die Beine, diese wiederum greift ihrer Nachbarin zwischen die Beine, es ist die wunderschöne Lee, die bereitwillig ihre wohlgeformten Schenkel ein wenig öffnet. Das Ganze ist kein Porno, sondern eine Demonstration, es findet kein Sex statt, es geht darum die verachteten Gesellschaftlichen Normen zu verspotten. Die Dame, die Lee zwischen die Beine greift, lacht in die Kamera, es ist kein lüsternes Lachen, sondern ein fröhliches Lachen.

1932 verlässt Lee die gemeinsame Atelierwohnung, die sie bis dahin mit Man Ray teilt und eröffnet in Paris ein eigenes Fotostudio.
Sie übernimmt viele Stilmittel von Man Ray, entwickelt aber ihre eigene künstlerische Sprache. Sie wird zu einer Konkurrentin für Man Ray.

Lee nimmt die, bei den Surrealisten geltende Sexuelle Freiheit, auch für sich in Anspruch, sie schläft mit dem Mann, auf den sie gerade Lust hat.
Diese Freiheit gilt bei den Surrealisten eigentlich nur für Männer.
Man Ray fällt vor Liebessehnsucht und Eifersucht in eine tiefe Depression. Er ist überzeugt, dass die freie Liebe, die menschlichere Alternative zur Monogamie ist, das hilft ihm aber nicht, er liebt Lee, er will sie besitzen, sie soll nur ihm gehören. Er ist rasend vor Eifersucht. Er sieht ständig die Köpfe seiner Freunde, wie sie die zarte Innenseite von Lees Schenkel küssen. Ob Lee tatsächlich mit seinen Freunden schlief ist nicht feststellbar, es kann sein, dass das nur in Man Rays Phantasie stattfand. Er zieht sich in sein Studio zurück und meidet seine Freunde und es entstehen die besten seiner Werke.
Das ist zum Beispiel ein Bild, auf dem Lees

Mund zu sehen ist. Dieser Mund weckt aber auch die Assoziation mit einer überdimensionalen Vagina, die über einer Landschaft schwebt. Es wird Man Ray später, auch als Maler, weltberühmt machen. Das Bild trägt den schönen Titel *„A l'heure de l'observatoire – Les Amoureux".*

Trotz seiner Leiden verliert Man Ray nicht seinen Witz. Er heftet an ein Metronom ein Bild von Lees Augen und macht eine Handlungsanleitung, im Fall von Eifersucht, die Augen der geliebten an ein Metronom zu heften und mit einem einzigen Hammerschlag zu zerschlagen. Das Objekt trägt den Namen: *„Object of Destruction".*

Lee fotografiert Leonora Carrington und Max Ernst und viel später noch einmal Max Ernst, diesmal mit der Malerin Dorothea Tanning.

Die Liebesgeschichte zwischen Lee Miller und Man Ray hat ein Happy End.
Die Beiden verbindet eine lebenslange Freundschaft. Auf einem Foto aus ihren späten Jahren ist das zu sehen (zu finden unter: Lee miller fotos)
Die Beiden sind das seltene Beispiel, wie aus Liebe, eine enge und liebevolle Freundschaft werden kann.

Lee Miller wird in ihrem späteren Leben Kriegsberichterstatterin für Voque. Sie fotografiert die Landung der Alliierten in der Normandie und dokumentiert die Verbrechen der Nazis in den Konzentrationslagern mit verstörenden Bildern.
Lee fotografiert Leichenberge, überlebende Insassen von Konzentrationslagern, die mehr tot als lebend sind, die Leichen von Nazi Größen, die Selbstmord begangen haben, besonders berührend ist dabei das Bild der Leiche einer Tochter eines SS Offiziers, die noch keine 18 Jahre alt ist. Lees Bilder sind gnadenlos, sie macht Nahaufnahmen. Sie schont sich und den Betrachter nicht.
Als sie die ersten Bilder aus Dachau an Voque sendet, kabelt sie: „Glaubt mir, das ist die Wahrheit".
Diese verstörenden Bilder erscheinen in derselben Zeitung, in der sie die Titelseiten, nur ein paar Jahre früher, mit ihrer Schönheit schmückte.
Lee Miller leidet im Alter unter dem Verlust ihrer Schönheit und den grauenhaften Bildern, die sie im Krieg gesehen hat, sie wird alkoholkrank und depressiv.
Ihr Sohn, Antony Penrose, verwaltet ihren Nachlass und sorgt dafür, dass sie unvergessen bleibt.

Man Ray war bis zu seinem Tod ein erfolgreicher, experimentierfreudiger Künstler in der Fotografie, im Film und in der Malerei. Er war die letzten 30 Jahre seines Lebens glücklich verheiratet.

Quellen:
Man Ray wiki
Lee Miller wiki
Spiegel, http://www.spiegel.de/fotostrecke/lee-miller-kriegsberichterstatterin-in-hitlers-badewanne
Zeit, von glamour und grauen

Herti Kirchner und Erich Kästner

Als Herti Kirchner 1939 bei einem Autounfall ums Leben kommt, ist sie 25 Jahre alt, spielte in über 10 Filmen mit, oft in der weiblichen Hauptrolle. Ihr wichtigster Partner war Heinz Rühmann. Sie veröffentlichte zwei Kinderbücher, ein Drittes war in Arbeit. Sie ist ein Star, sie hatte ein eigenes Auto und zeitweise einen Chauffeur.
Als Herti Kirchner und Erich Kästner sich 1935 kennen lernen, ist Kästner 36 Jahre alt, ein berühmter Autor und hat Schreibverbot.
Soweit zu den Fakten der Beziehung zwischen Herti Kirchner und Erich Kästner, sehr viel mehr ist nicht bekannt.

Der Text, der jetzt folgt, beruht auf den oben beschriebenen Fakten ist aber fiktiv. Ich bin von der Situation, in der die beiden sich damals befanden, berührt.

Eine Zeit, in der ein Regime herrscht, das Andersdenkende ermordet. Die Filmbranche, wird von Joseph Goebbels beherrscht, jeder, der sich dem Regime widersetzt, ist mit dem Tod bedroht.

Eine ehrgeizige, schöne, junge Frau, die Karriere im Filmgeschäft macht, in dem auch Kästner als Drehbuchschreiber arbeitet.

Ein berühmter Autor, der Schreibverbot hat, aber dennoch unter Pseudonym weiterschreibt, er muss ja von irgendwas leben und er kann nur schreiben. Er hält sich mit Drehbucharbeiten an komödiantischen Unterhaltungsfilmen und aus der Veröffentlichung seiner Werke im Ausland „über Wasser". Er steht unter Beobachtung der Gestapo und wird mehrmals verhaftet. Seine Mitarbeit an den Unterhaltungsfilmen wird geduldet, sie ist im Sinne des Regimes.
Dieser Autor hat, bevor Hitler an die Macht kam, einen großartigen Roman geschrieben, "Fabian". Eine berührende Figur in dem Roman ist Cornelia Battenberg, sie bekommt eine Filmrolle angeboten. Der Preis für die Rolle ist, sie muss mit dem feisten Filmdirektor schlafen. Cornelia verlässt den arbeitslosen Fabian, wenige Tage nach ihrer ersten Begegnung, mit der Behauptung, sie würde es für sie beide tun und stürzt damit Fabian in einen Abgrund.

In Herti begegnet Kästner seiner Romanfigur Cornelia. Herti ist aber nicht korrupt, sie ist so ehrgeizig wie Cornelia, aber sie vertraut auf ihr Talent, sie ist eine Kämpferin.

Herti bewundert Kästners Roman „Fabian“, sie erkennt in Fabians Ängste auch ihre Ängste, auch sie fürchtet, dass die Anständigen gegen die Unanständigen verlieren werden. Sie hat Erfahrung mit Filmschaffenden, die es normal finden, dass, wenn sie eine Rolle zu vergeben haben, die Schauspielerin mit ihnen auch ins Bett geht. Sie hat solche Situationen erlebt, sie setzte ihr komödiantisches Talent ein und schaffte es bisher immer, aus diesen Situationen, unbeschädigt herauszukommen, aber sie kennt den Ekel vor den selbstherrlichen Typen, die oftmals für die Besetzung der Rollen zuständig sind.

Die Filmbranche steht unter Aufsicht des Propagandaministeriums. Repression ist an der Tagesordnung. Jüdische Kollegen werden verschleppt und tauchen nie mehr auf. Auch ein kleiner Spaß, durch den sich die Herrschenden beleidigt fühlen, kann in die Hölle der Gestapo führen. Es herrscht eine Atmosphäre der Angst und der Gewalt im Land und in der Filmbranche.

Herti fühlt, dass die Schauspielkunst ihr Ding ist, sie fühlt sich wohl im Scheinwerferlicht, es macht sie glücklich, wenn sie den fertigen Film sieht und sie Menschen, mit ihrem komödiantischen Talent, zum Lachen bringt und sie ihren oft traurigen Alltag für zwei Stunden vergessen lässt.

Die ehemals weltoffene und tolerante Atmosphäre in Berlin ist umgeschlagen. Herausgeputzte Männer in Uniform, mit Reithosen und Reitstiefeln, sitzen in den Cafés. Vorbeigehende niedrigere Dienstgrade schlagen krachend die Haken zusammen oder zeigen den Hitlergruß. Menschen mit dem Judenstern schleichen ängstlich durch die Straßen.

In den Nachtlokalen fließt der Champagner an den Tischen der neuen Herren. Neuankömmlinge werden mit erhobenem Arm und „Heil Hitler“ begrüßt.

Die Freundschaft mit Kästner und auch mit seinem Freund Ohser ist für Herti ein Halt in einer grausamen Welt, in der sie alle Kraft braucht um zu bestehen. Es sind Gleichgesinnte, denen sie vertraut. Ohser hat Illustrationen zu Kästners Gedichten gezeichnet. Vor einigen Jahren veröffentlichte er in linken Zeitungen Karikaturen von Hitler und Goebbels, er sitzt auf einem Pulverfass, wenn das in der Gestapo bekannt wird, ist er ein toter Mann.
Ohser konnte gerade, unter Pseudonym, seine Vater Sohn Comics in einer großen Zeitung veröffentlichen. Herti liebt den subtilen Humor Ohsers.

Ein paar Jahre nach Hertis Tod wird Erich Ohser verhaftet. Er erhängte sich in seiner Zelle, bevor ihn die Gestapo verhören konnte.

Herti ist finanziell erfolgreich, sie kann sich einen Chauffeur und ein Auto leisten, während ihre Freunde sich mit ihren Arbeiten unter Pseudonymen grad so „über Wasser“ halten. Sie liebt es Kästner an schönen Tagen mit Chauffeur und eigenem Auto in das Umland von Berlin zu entführen und einen ganzen Tag, mit wandern und baden, im Freien zu verbringen.

Herti liebt auch Kästners Kinderbücher. Sie hat sie als Teenager gelesen. Sie möchte auch ein Kinderbuch im Stil von “Pünktchen und Anton“ schreiben. Käster ermuntert sie dazu und bietet sich als Co-Autor an. Herti ist begeistert. Die beiden besprechen einen Handlungsablauf, Herti schreibt in den Drehpausen in Steno den Text, schreibt am Abend ihren Text ins Reine und legt ihn dann Kästner vor.

Jetzt kommt wieder eine belegbare Tatsache, es gibt Korrekturen in Kästners Handschrift auf dem Text in Hertis Handschrift. Kästner hält sie dazu an, knapper und genauer zu formulieren. Im Ergebnis entsteht das Kinderbuch „Lütte“ und kurz darauf ein zweites Buch "Wer will unter die Indianer?". Beide Bücher sind, wie kann es anders sein, Herti ist als Schriftstellerin un-

erfahren, stark von Kästner geprägt.
Es muss dem Schriftsteller viel Spaß gemacht haben, mit seiner schönen und eifrigen Freundin, eine Art Neuauflage seiner Kinderbücher zu machen.
Beide Bücher kommen im Verlag von Kästner unter und verkaufen sich gut. Das Publikum weiß, dass Kästner Schreibverbot hat, und nimmt natürlich an, dass Kästner der Verfasser ist. Herti hat immer die Erstfassung geschrieben und viel von Kästner gelernt. Im zweiten Buch steigt auch der Anteil der Ideen und auch des Textes, der nur von ihr stammt. Herti fühlt sich als angehende Schriftstellerin, sie ist stolz auf beide Bücher. Letzteres erwähnt Kästner in seinen Muttchen Briefen.

ästner hat kein Problem sein Talent seiner jungen Freundin zur Verfügung zu stellen und ganz im Hintergrund zu bleiben. Er ist sicher, eine lebenslange Beziehung, gefunden zu haben. Diese schöne, lebenslustige, kreative und kluge junge Frau, vertreibt die düsteren Gedanken, die ihn manchmal anfallen. Sie strahlt Optimismus aus, sie bewundert ihn, mit ihr macht es Spaß Bücher zu schreiben. Sie macht auf der Leinwand eine gute Figur. Kästner denkt, er hat die Frau fürs Leben gefunden.

Der ehemals erfolgsverwöhnte Autor hat lange geglaubt, dass der nationalsozialistische Spuk bald vorüber ist, er erkennt jetzt, dass Deutschland auf dem Weg in den Abgrund ist, und dass dieser Untergang nicht aufzuhalten ist.

Kästner war immer auf der Seite der Unterdrückten und er leidet mit den vielen gedemütigten, vergewaltigten und ermordeten Menschen. Die jetzt ungebremste Judenverfolgung in Berlin verfolgt er mit Abscheu und mit Angst, er ist auch in Gefahr.
Trotzdem bringt er es fertig in seinen unter Pseudonym geschriebenen Drehbüchern eine verschlüsselte Kritik an den Machthabern unterzubringen (diese Aussage entspricht den Tatsachen), das ist riskant, und kann ihn jederzeit aus seinem noch recht komfortablen Leben reißen. Er tut es, um dem Gefühl der Ohnmacht entgegenzutreten. Es ist die Liebe und die Bewunderung, die er von Herti empfängt, die ihm dafür die Kraft gibt.

Aus heutiger Sicht war Kästner bei der Anfertigung von Hertis Büchern leichtsinnig. Beide Bücher sind gegen die Erziehungsideologie der Nazis geschrieben. Sie sind, wie schon die Kinderbücher Kästners, eine Aufforderung an die Kinder, aufsässig gegen die Erwachsenen und solidarisch mit den Schwachen zu sein. Er brachte seine Freundin in Gefahr. Beide Bücher wurden schon, kurze Zeit nach dem Erscheinen, vom Lehrerverband, als ungeeignet

für Kinder eingestuft, das entsprach einem Publikationsverbot. Die Bücher verschwanden aus den Buchläden. Für Herti hätte das Folgen für ihre Karriere als Schauspielerin haben können.
Kästner hat im Nachkriegsdeutschland nicht an die literarische Qualität seiner Romane „Fabian“ und „Emil und die Detektive“ anknüpfen können, mit einer so außergewöhnlichen Muse wie Herti, wäre ihm das vielleicht gelungen.
Herti und Erich, das hätte ein Paar werden können, das die Nachkriegsgesellschaft in der Literatur und im Film prägt.

Quellen:

Herti Kirchner wiki

Bilder :

Herti Kirchner und Erich Kästner

Billie Holliday und Joe Guy

Wenn Billie Holiday singt, berührt mich das im Innersten. Die Schmerzen und Niederlagen, die sie erlebte und die in ihren Liedern stecken, sind dann meine Schmerzen und meine Niederlagen. Ich bin ein Teil der Menschheit, die einen so heftigen Schmerz spüren kann. Das tut weh, gleichzeitig gleicht ihr Gesang, durch seine ursprüngliche Schönheit, all das Hässliche aus, das die Menschen einander antun. Billie hat zahlreiche, wunderbare Jazz Songs gesungen, der Text eines dieser Songs stammt von Abel Meeropol und geht so:

Southern trees bear a strange fruit
Blood on the leaves and blood at the root
Black bodies swingin' in the Southern breeze
Strange fruit hangin' from the poplar trees

Pastoral scene of the gallant South
The bulgin' eyes and the twisted mouth
Scent of magnolias sweet and fresh
Then the sudden smell of burnin' flesh

Here is a fruit for the crows to pluck
For the rain to gather
For the wind to suck

For the sun to rot
For the tree to drop
Here is a strange and bitter crop

Zu hören unter Google: strange fruit lyrics

Als Billie und Joe zusammentreffen, hatte Billie ein bitteres Leben hinter sich, mit 11 Jahren war sie vergewaltigt worden, mit 13 arbeitet sie zusammen mit ihrer Mutter in einem Bordell für 5$ pro Freier. Mit 24 Jahren nahm sie Strange Fruit auf und wurde bekannt. Für ihre Plattenaufnahme erhielt sie nur ein paar Dollar, der Produzent machte einen dicken Reibach, das sollte sich später noch einige Male wiederholen, aber Billie wurde bekannt und erhielt ein Engagement im Nachtclub Café Society.

Die Aufführungen waren minutiös inszeniert; bevor sie das Stück sang, ließ sie das Publikum vorher von den Kellnern um Ruhe bitten. Das Licht wurde während des langen Intros heruntergedimmt und ein einziger Scheinwerfer erhellte Billies Gesicht. Mit dem Verklingen des letzten Tons erlosch das Licht, worauf sie dann im Dunkeln verschwand.

Zum ersten Mal in Ihrem Leben, verdient Billie gut, das ist auch dringend notwendig, denn sie ist Heroin abhängig.

Billie war als Schwarze ständigen Demütigungen ausgesetzt. Sie durfte zwar auf Tourneen auf der Bühne singen, musste aber im Bus übernachten, weil sie kein Hotel betreten durfte. Als besonders demütigend empfand sie Auftritte, für die ihr Gesicht mit Make-up dunkler geschminkt wurde, da dem weißen Publikum angeblich Billie Holidays Teint zuweilen als zu hell erschien.

Joe kommt aus dem tiefen Süden, aus Birmingham in Alabama. Er ist 25 Jahre als die beiden ein Paar werden, er ist ein ambitionierter Trompeter, er spielte schon mit 18 Jahren in *Teddy Hill's Orchestra, er ersetzte damals Dizzy Gillespie. Er spielt Bebop,* die neue Stilrichtung, die gerade den Swing ablöst. Er ist schon in jungen Jahren Heroin süchtig. Um seine Sucht zu finanzieren wird er zum Dealer. Aufgrund seiner Sucht erreicht er nicht den Level in seinem Trompetenspiel, den er aufgrund seines Talents, erreicht haben könnte.

Kurz bevor Billie Joe kennen lernt, nimmt sie “Lover Man“ auf. Der Text geht so:

I don't know why but I'm feeling so sad
I long to try something I never had
Never had no kissing

Oh, what I've been missing
Lover man, oh, where can you be

The night is cold and I'm so alone
I'd give my soul just to call you my own
Got a moon above me
But no one to love me
Lover man, oh, where can you be

I've heard it said
That the thrill of romance
Can be like a heavenly dream
I go to bed with a prayer
That you'll make love to me
Strange as it seems

Someday we'll meet
And you'll dry all my tears
Then whisper sweet
Little things in my ear
Hugging and a kissing
Oh, what we've been missing
Lover man, oh, where can you be

I've heard it said
That the thrill of romance
Can be like a heavenly dream
I go to bed with a prayer
That you'll make love to me
Strange as it seems

Someday we'll meet
And you'll dry all my tears
Then whisper sweet
Little things in my ear
Hugging and a kissing
Oh, what we've been missing
Lover man, oh, where can you be

Songwriter: Lorenz Hart / Richard Rodgers
Zu hören unter Google: Lover Man Lyrics

Es ist ein herzzerreißender Song. Sie legt ihre ganze Sehnsucht nach der Liebe in diesen Song. Erstmals wird sie von Streichern begleitet. Sie ist auf dem Höhepunkt ihrer Gesangskunst. Sie kann ihre Gefühle in Gesang umsetzen, sie bewegt Millionen Menschen mit ihrer Kunst.

Die erfolgreiche Sängerin und der ambitionierte Trompeter werden ein Paar und gründen eine eigene Band. Sie kaufen einen großen weißen Bus, auf dessen Seiten "Billie Holiday and Band" geschrieben steht und gehen auf Tournee, quer durch die Vereinigten Staaten.

Die Abreise in New York hat Billie in ihren Memoiren beschrieben. Sie ist stolz darauf auf eigenen Füssen zu stehen, zum ersten Mal ist sie von niemand abhängig. Die Welt steht ihr offen. Joe ist ein eher sanfter Mann, mit wenig eigenen Ambitionen. Sie ist das Zugpferd der Band. Es geht darum sie groß rauszubringen.

Es beginnen drei glückliche Jahre für Billie Holiday, es werden die einzigen in ihrem Leben sein. Sie begeistert ihr Publikum mit ihrer Kunst, sie verbringt ihre Nächte in den Armen eines geliebten Mannes, sie hat kein Problem den täglichen Schuss Heroin zu bekommen, darum kümmert sich Joe.

Nach drei Jahren endet das Glück von Billie und Joe, sie werden wegen Drogenbesitz und Drogenhandel verurteilt.

Billie muss ein Jahr ins Gefängnis, ihr Gesuch in eine Entzugsklinik zu kommen, wird abgelehnt, sie erleidet einen quälenden kalten Entzug im Gefängnis.

Billie Holiday trennte sich von Joe Guy, es war ein Versuch aus der Drogenabhängigkeit herauszukommen, es war vergeblich, aber sie hat mit Joe Guy ein paar glückliche Jahre verbracht, ein Glück, das auf Heroin aufgebaut war. Es waren die wenigen Jahre, in denen Billie Holliday, etwas Glück abbekam, ohne diese kurze Zeit des Glücks, hätte sie die vielen Demütigungen, die sie noch ertragen musste, noch schwerer ertragen.

Joe Guy war von Anfang an auf der Verliererstraße, er war schon als Jugendlicher abhängig von Heroin. Seine musikalische Begabung hat er dem Heroin geopfert.
Joe geht nach dem Gefängnis zurück in den Süden, nach seinem Geburtsort und verstirbt mit 41 Jahren

Nach dem Gefängnis hatte Billie ein wunderbares Comeback in der ausverkauften Carnegie Hall, sie hat Beziehungen zu gewalttätigen Männern, sie wird wieder heroinabhängig.

Sie nimmt den Song "My Men" auf. Sie greift dabei auf eine französische Vorlage zurück und macht daraus einen Song mit sehr persönlichen Erfahrungen:

It cost me a lot
But there's one thing that I've got
It's my man
It's my man

Cold or wet
Tired, you bet
All of this I'll soon forget
With my man

He's not much on looks
He's no hero out of books
But I love him
Yes, I love him

Two or three girls
Has he
That he likes as well as me
But I love him

I don't know why I should
He isn't true
He beats me, too
What can I do?

Oh, my man, I love him so
He'll never know
All my life is just a spare
But I don't care
When he takes me in his arms
The world is bright
All right

Zu hören unter Google: My Man Lyrics

Billie Holiday stirbt mit 44 Jahren, unter entwürdigenden Bedingungen, in einem Krankenhaus in New York. Polizisten stehen um das Krankenbett herum, um sie wegen Drogenbesitzes zu verhaften. Als sie starb, hatte sie 0,70 US-Dollar auf dem Konto und ein Zeitschriften-honorar von 750 Dollar in bar bei sich.

Quellen:

Billie Holiday, Lady sings the Blues, Autobiografie, Edition Nautilus 1983

Oona O'Neill und Jerry Salinger

Frédéric Beigbeder schrieb ein Buch über Oona und Salinger. Es ist ein sehr lesenswertes Buch, ich gebe im Folgenden eine Kurzfassung davon wieder, empfehle aber dringend das Original zu lesen. Ich nehme diese Geschichte in meine Sammlung auf, weil sie berührend ist. Sie ist berührend in der Realität und sie ist berührend in der Fiktion in der Beigbeder sie beschreibt.

Beginnen wir mit Oonas Vater.
In seinem von Beigbeder zitierten Werk „Der große Gott Brown" schreibt er „Wozu Kinder gebären? Wozu dem Tod das Leben schenken?" Oona war kein willkommenes Kind. Als sie zwei Jahre alt ist verlässt ihr Vater die Familie. Oona hat ihren Vater noch dreimal in ihrem Leben getroffen, einmal wurde sie bei Tisch ohnmächtig, einmal erbrach sie sich im neuen Cadillac des Vaters, bei einer Spazierfahrt zum Central Park.

Als Oona und Jerry sich zum ersten Mal im Stork Club treffen, ist Oona 15 Jahre, sie trägt einen berühmten Namen und ist mit Freundinnen da, die ebenfalls minderjährig sind und ebenfalls berühmte Namen tragen.

Catherins Deneuves Gesicht war mit 20 Jahren schön, aufgrund seiner perfekten Proportionen. Ein noch schöneres Gesicht ist kaum vorstellbar. Bei Oona ist das anders, es ist auch ein fast perfekt proportioniertes Gesicht, aber seine Ausstrahlung kommt nicht von den perfekten Proportionen, sondern von dem was hinter dem Gesicht liegt. Was hinter dem Gesicht von Catherin Deneuve liegt bleibt ein Rätsel, der Betrachter kann alles hineininterpretieren was er möchte, das macht wohl ihren Erfolg als Schauspielerin aus. Bei Oona ist sichtbar was hinter dem Gesicht liegt. Bei der 15-Jährigen ist es eine leidenschaftliche Suche nach der Hingabe in der Liebe.

Jerry ist ein großer, gutaussehender Junge, ein wenig linkisch in seinen Bewegungen. Er ist 21 Jahre alt und Student. Er hat gerade eine Kurzgeschichte in einer angesagten Literaturzeitung veröffentlicht.

Am Tisch von Oona sitzt auch Truman Capote, ebenfalls noch minderjährig, aber schon mit großer Klappe. Als Salinger nach einem kurzen verbalen Geplänkel geht, verhöhnt ihn Capote

mit dem Spitznamen „Der vor der Rechnung geht".
Salinger ist von dem beeindruckt, was hinter dem Gesicht von Oona liegt. Er will sie wiedersehen, sie haben eine gemeinsame Bekannte, und er trifft sie wieder.
Er hat inzwischen alles von Eugen O'Neill gelesen. Er gewinnt sie, indem er ihren Vater, als großen Autor und kleinen Menschen bezeichnet, der sein Unglück – also das von Oona – benutzt, um sein Theater zu produzieren.

Oona ist jetzt 16 Jahre und ist willig mit dem angehenden Schriftsteller auszugehen.
Jerry mietet eine Studentenwohnung und Ooana übernachtet bei ihm, ihre Mutter vertraut ihr und lässt ihr alle Freiheit. Es sind sinnliche Nächte, ohne, dass es zu einer Vereinigung kommt. Beide sind sexuell unerfahren und im damaligen prüden New York, schlecht informiert. Oona behält immer ihren Slip an.
Salinger liebt es ihren nächtlichen Atem an seiner Wange zu spüren.
Er liest ihr seine ersten Erzählungen vor, sie erzählt von ihren Proben, sie hat eine kleine Rolle in einem Musical bekommen.
Oona geht weiter mit ihren Freundinnen aus, kommt aber dann für den Rest der Nacht zu Jerry.

Hier ein Abschnitt aus Beigbeder Buch der beschreibt, wie die Liebe der Beiden zu Ende geht:
„Am Ende erwiderte Oona seine Küsse nicht mehr. Er versuchte seine Zunge in einen geschlossenen Mund zu schieben. Am schmerzlichsten war ihre Höflichkeit. Manchmal lag Oona die ganze Nacht neben ihm auf dem Bett, angezogen, regungslos, stumm und deprimiert. Und um ihm nicht weh zu wehzutun, ließ sie sich die Brüste streicheln, ohne sich zu rühren. Ein hübsches Mädchen, das aus innerer Abwehr zur Statue geworden ist, ist vielleicht die schlimmste Demütigung, mit der ein Mann konfrontiert sein kann."

Zeitgleich mit dem Verlust der Liebe Oonas bricht der Krieg aus. Jerry ist verletzt und entscheidet sich, den Krieg, der sich in seinem Kopf abspielt, durch den echten Krieg zu ersetzten. Er meldet sich freiwillig an die Front nach Europa.

Oona wird von einer Schauspielagentin entdeckt und zieht zu Ihrer Mutter nach Kalifornien. Sie trifft Charlie Chaplin. An ihrem 18ten Geburtstag heiratet sie ihn. Zahllose Fotos ihres späteren Lebens zeigen es, es ist die glückselige Erfüllung ihrer Liebessehnsucht. Sie bekommt 8 Kinder.

Es gibt einen anrührenden kurzen Film der 30 Jahre später spielt. Oona steht neben dem Rollstuhl, in dem Chaplin sitzt. Er greift nach ihrer Hand, sie bemerkt es erst nicht, als sie es bemerkt, nimmt sie seine Hand und tritt etwas zurück. Es liegt eine unendliche Zärtlichkeit, in der Art, wie die beiden sich an der Hand halten.
Ich habe das Video im Netz gesehen, finde es aber nicht mehr.

Ooana wird nach dem Tod Chaplins alkoholabhängig. Sie überlebt Chaplin nur um 13 Jahre.

Jerry kehrt traumatisiert aus dem Krieg zurück. Er war dabei, als das Konzentrationslager in Kaufering befreit wurde. Er hat die Leichen gesehen, die bei lebendigem Leib, kurz vor der Befreiung, verbrannt wurden.

1951 schreibt Salinger den "Fänger im Roggen". Es wird ein Welterfolg. Anschließend zieht sich Salinger weitgehend aus der Öffentlichkeit zurück. Er überlebt Oona um 20 Jahre, er kommentiert ihre Ehe mit Chaplin bis zuletzt abfällig.

Oona ist in dieser Beziehung die Siegerin, sie sehnte sich nach der unendlichen Liebe und hat sie bekommen. Salinger sehnte sich auch nach der unendlichen Liebe, er hat sie nicht bekommen.
Im Werk Salingers hat Oona keine Spuren hinterlassen. Salinger hat sein Leid nicht ausgeschlachtet, in dem er Oona auf dem Altar seiner Kunst opfert, wie es Max Frisch mit Ingeborg Bachmann getan hat und Philip Roth mit Claire Bloom, oder Henry Miller mit Hoki Tokuda, oder Arthur Miller mit Marylin Monroe.

Quellen im Netz zu finden unter:
Oona O'Neill wiki
J. D. Salinger Wiki
Buch:
Frédéric Beigebeder, Oona & Salinger, Piper, 2014

Marilyn Monroe und Arthur Miller

Die Liebesgeschichte zwischen Marilyn Monroe und Arthur Miller hatte nie eine Zukunft, ich erzähle sie deshalb rückwärts, sie ist so besser zu verstehen.

Am 11 November 1960 gibt Marilyn ihre Trennung von Arthur Miller bekannt. Die
Arbeiten an „Misfits“ waren eine Woche zuvor abgeschlossen worden.
Mit Misfits erwartete Marilyn den Durchbruch zur ernsten Schauspielerin, weg von dem ewigen Dummchen, hin zu einer geachteten Person. Ihr Mann hatte das Drehbuch für sie geschrieben, dieser Film sollte ihr Triumpf werden.
Im Ergebnis hatten der Drehbuchschreiber Miller und der Regisseur Huston einen wunderbaren Männerfilm gedreht. Im Höhepunkt des Films werden Wildpferde eingefangen. Ihr Biograph Norman Mailer beschreibt das so:
„Was wir im Film zu sehen bekommen, das sind Gable, Clift und Wallach, die sich der größten Gefahr aussetzen, von ausschlagenden und hochgehenden Tieren zu Boden ge-

schleudert und hinter davongaloppierenden Pferden davongeschleift zu werden, während Roslyn, alias Marilyn, am Rande der Szene schreit und völlig aufgelöst von einem zum anderen rennt, bis die Zuschauer im Kino am liebsten dazwischenrufen möchten: “Stopft diesem Weibsbild doch endlich das Maul!“.
Marilyn hat in dem Film wunderbare Szenen, ohne sie wäre der Film nicht so großartig geworden, aber es ist nicht ihr Film. Es ist Clark Gable der in dem Film heiliggesprochen wird. Ein alternder Cowboy, der noch einmal die Liebe erlebt.
In der Schlussszene als Clark und Marilyn durch die Wüste fahren und der Film sie ausblendet sagt er noch: „Fahr einfach auf den großen Stern da zu.....“
Der große Film, den Marilyn mit “Misfits“ von Arthur erwartet hatte war für Marilyn ein Fehlschlag.

Auch in dem Film vor “Misfits“, “Der Prinz und die Tänzerin“ war Miller, aus der Sicht von Marilyn, ein Versager, er hatte sie nicht vor den Demütigungen beschützt, die Olivier ihr, während der Dreharbeiten, angetan hat.
Mailer schreibt: „Miller hat sich von englischer Großmannssucht blenden lassen und bringt Sir Laurence übertriebenen Respekt entgegen“.

Und es gibt noch einen Punkt, in dem Miller ein Versager ist und dieser Punkt ist vor allem für Miller schmerzhaft.
Mailer schreibt: „Miller entstammte ja jener langen Tradition jüdisch-mittelständischer Geisteshaltung, die in jeder tieferen Hingabe an die Leidenschaft ein gefährliches Geschäft sah."
Es gibt ein Foto von Marilyn und Arthur, in dem die beiden am Strand turteln, Marilyn ist dabei entspannt und einfach nur glücklich, Miller ist verspannt und steif.
Auch als Liebhaber war Miller für Marilyn eine Enttäuschung. Sie war eine erstklassige Verführerin, das ist in der Szene in der sie Tony Curtis in „Some Like Hot" verführt, zu sehen, aber irgendwann muss es sie gelangweilt haben immer die Verführerin zu sein. Als sie mit Yes Montand einen Filmpartner hat, der jeder Prüderie fernsteht, und ein sehr anziehender Mann ist, betrügt sie den großen amerikanischen Autor, sie folgt ihren Gefühlen, moralische Einschränkungen lässt sie nicht gelten, sie muss auch gewusst haben, wie sehr sie Arthur damit verletzt.
Geradezu vernichtend muss für Miller gewesen sein, dass sie in der Zeit mit Montand, am Set ein Muster an Pünktlichkeit und Zuverlässigkeit war, während sie in den Jahren mit Miller an Schlaflosigkeit litt und in allen ihren Filmen ihre Regisseure und Kollegen mit ihrer Unpünkt-

lichkeit und Unzuverlässigkeit, an den Rand des Wahnsinns getrieben hat.

Arthur hat sich viele Jahre später in seinem Theaterstück "Nach dem Sündenfall" mit folgendem Text dafür gerächt: „Sie war von einer langen Reihe grinsender Männer durchgekaut und ausgespuckt worden. Ihr Name hing wie im Mief von Gepäckschaltern und im Qualm von Raucherabteilen,"

Wir sind jetzt am Beginn der Beziehung von Marilyn und Arthur angekommen und können über die Erwartungen spekulieren mit der sie ihre Ehe geschlossen haben.

Beginnen wir mit Marilyn, wir kennen alle ihre Filme. Mir sind die Filme "Some like it hot" und "Misfits" besonders im Gedächtnis geblieben. In beiden Filmen ist ihre Verletzlichkeit und ihre Liebessehnsucht zu sehen. Ich denke sie hat Schutz gesucht bei dem großen amerikanischen Dramatiker. Schutz vor ihrem Image als Sexpüppchen, Schutz vor ihrem Image als Dummchen. Sie hoffte, mit der Hilfe von Miller, auf den Durchbruch als ernstzunehmende Schauspielerin und sie wollte als die Künstlerin, die sie ist, von einem Künstler, mit dem sie nach ihrer Einschätzung, auf Augenhöhe steht, geliebt werden.

Lieber Leser, diese Einschätzung wird auch die Ihre sein, aber sehen wir uns an, was Mailer meint:
„Marilyn ist ein kleines Mädchen, das nicht einmal den Tod eines Fisches ertragen kann – sie ist also der Auslöschung von Leben gegenüber von ehrlicher Empfindsamkeit erfüllt, dem Augenblick gegenüber, da dieser Vorgang etwas in ihr aufrührt, das an die Wurzeln ihrer göttlichen Nerven geht – und dennoch ist sie eher bereit, sich umzubringen, als dass sie seinem Willen gestattet, den ihren zu beeinflussen."
Marilyn hat mehrfach, während ihrer Ehe mit Miller, versucht sich umzubringen. Miller hat sie immer gerettet und sie hat sich anschließend an ihn gehängt und seine Hände wieder und wieder mit Küssen bedeckt (Mailer).
Was für ein Irrsinn.
In seinem Drama „Nach dem Sündenfall" sagt Quentin zu Maggie: „Ich bin das ganze Übel dieser Welt, nicht wahr? Jeder Selbstmord bringt zwei Menschen um, Maggie, vergiss das nicht!" (Zitiert aus Mailers Biografie.)

Lieber Leser, wir müssen unsere Einschätzung korrigieren, Marilyn suchte Schutz vor ihrer Verletzlichkeit, das haben wir richtig erkannt, aber sie war willens, wenn sie diesen Schutz nicht erhält, ihr Leben wegzuwerfen, ohne Rücksicht auf die Wunde, die sie dadurch Miller schlagen wird. In dieser Ehe ging es für Marilyn um Leben oder Tod.

Was hat Miller bewogen diese Ehe einzugehen. Spekulieren wir wieder zuerst nur aufgrund der Filme, die wir von Marilyn kennen. Ich denke an die Szene, in der Marilyn in „Some like it hot“ Tony Curtis verführt und an die Szene in “Misfits“, in der sie Clark Gable, am Morgen, an ihrem Bett empfängt. Sie ist die hin reißendste Frau, die sich ein Mann erträumen kann. Ihr Körper verspricht eine unsagbare Lust. Ihre Verletzlichkeit, eine tiefe seelische Beziehung.

Und was meint Mailer?
Mailer hält Miller für einen Geizhals und schreibt: „In jedem Geizhals muss die übermächtige Angst lauern, zu viel vom eigenen Wesen für zu wenig herzugeben – wie glücklich muss Miller sein, als er entdeckt, dass er sein Bestes für eine Frau hergeben kann, die unendliche Möglichkeiten besitzt, größere vielleicht als er selbst: Soviel glaubt man dem Glück ablesen zu können, das an ihrem Hochzeitstag auf seinem Gesicht leuchtet.“

In seinem Drama, das er über Marilyn geschrieben hat arbeitet er auch den Punkt auf, der ihn hätte abhalten können Marilyn zu heiraten, das sind die zahllosen Männer, mit denen sie vor ihm geschlafen hat.
Das Drama wird zwei Jahre nach Marilyns Tod aufgeführt und es ist anzunehmen, dass Miller sich zu dieser Ansicht schon zu ihrer Hochzeit durchgerungen hatte.

Maggie: „… du sagtest, wir müssten alles lieben, was nun einmal jeder von uns erlebt hat, nicht wahr? Selbst die bösen Dinge.
Quentin: Mein Herz, ein Ereignis an sich ist nie wichtig – wichtig ist nur das, was du daraus gemacht hast. Was immer du auch erlebt haben magst – ich liebe nur das, was du daraus gemacht hast. Aber das liebe ich!“

Ein paar Zeilen später.

Maggie: „Es gibt Leute, die dich auslachen werden.“
Quentin: Jetzt nicht mehr, mein Herz, sie werden sehen, was ich sehe …
Maggie: Und was siehst du? Sag’s mir! (Es bricht aus ihr heraus) Ich glaube nämlich, ich glaub … früher hast du dich meiner geschämt, stimmt’s?

Quentin: Ich sah, wie du gelitten hast, Maggie; und sobald ich das einmal erkannt hatte, schämte ich mich nicht mehr.
Maggie: Dann hast du dich also doch .... geschämt?
Quentin: (mühsam) Ja. Aber du hast gesiegt, Maggie, Du bist für mich wie ein leuchtendes Banner, irgendwie ein Beweis dafür, dass Menschen siegen können."
(Zitiert aus Mailers Biografie.)

Marylin hat Arthur verlassen und Arther hat den Schmerz über sein Verlassen werden, in seiner Kunst verarbeitet. Großartig in den "Misfits" und nicht ganz so großartig, in seinem Theaterstück "Nach dem Sündenfall".
Von Marylin gibt es eine Reihe von großartigen Filmen, aber nur einen Film, der ihrer realen Person nahekommt, das ist "Misfits", nach einem Drehbuch von Arthur.
Als dieser Film gedreht wurde, war die Ehe der beiden schon am Ende, die Trennung war schon beschlossene Sache, vielleicht ist dieser Film gerade deshalb so großartige geworden, zwei Künstler, die aus ihrer kaputten Beziehung, noch ein letztes Mal große Kunst machen wollen. Es ist gelungen.

Miller ist aus dieser Beziehung, beschädigt in seiner Männlichkeit, hervorgegangen, Marylins

Untreue hat ihn tief verletzt, als Künstler hat er aus seinen Verletzungen profitiert, wieder ein Verlierer, der am Ende ein Sieger ist.
Marylin hat als Künstlerin gewonnen, als Mensch verloren, Miller konnte ihr nicht den Halt geben, den sie von ihm erhoffte.

Quellen:
Norman Mailer, Marilyn Monroe, Droemer Knauer,

Gala Eluard und Salvador Dali

Dominique Bona hat eine wunderbare Biografie über Gala geschrieben. Der folgende Text stützt sich auf diese Biografie. Texte in Anführungszeichen sind wörtlich aus diesem Buch übernommen, alle weiteren Informationen stammen ebenfalls aus diesem Buch.
Gala und Paul Eluard fahren 1929 in die Ferien an einen abgelegenen Strand in Katalonien, um einen jungen Maler zu treffen, mit dem Eluard an einer künstlerischen Zusammenarbeit interessiert ist.
Das Ehepaar Eluard ist ein wohlhabendes Pariser Ehepaar. Gala ist nach dem letzten Pariser Schick gekleidet, das Ehepaar lebt luxuriös, Eluard hat eine große Erbschaft gemacht, sein Vater war ein erfolgreicher Immobilienmakler. Sie haben allerdings, in den letzten Jahren, das Geld mit vollen Händen ausgegeben und ihr Vermögen ist zusammengeschmolzen.
Das Ehepaar ist Mittelpunkt im Kreis der Künstlergruppe Surrealisten. Gala gehört zu den wenigen Frauen, die in dieser Künstlergruppe anerkannt sind. Ein Grund für die Anerkennung ist ihre phantasievolle Garderobe.

Gala ist die große Liebe von Paul und wird es bleiben. Gala hatte in den letzten Jahren mehrere Liebhaber. Paul hat das toleriert, einer der Liebhaber war der enge Freund Pauls, Max Ernst, eine Zeitlang haben die drei versucht eine Ehe zu Dritt zu führen.
Gala ist 35 Jahre alt.
Der junge Maler, mit dem sie verabredet sind ist Dali, damals 25 Jahre alt.
Dominique Bona schreibt:
„Tag für Tag trifft die Gruppe am Strand mit Dali zusammen. Sie baden, sie unterhalten sich – und Dali lacht. Er führt seinen neuen Freunden die Schönheit einer Gegend vor, die seit je die seine ist und die er über alles liebt. Die roten Felsen im Meer um das Cabo Creus zeigt er ihnen, außerdem sämtliche guten Badebuchten entlang der Steilküste, an der Gesträuch und blaue Disteln wachsen. Er kennt jeden Winkel dieses verlorenen, verlassenen Paradieses: ein Königreich der Grillen und Möwen, über das unablässig der Wind streicht und die Gerüche des Berglandes herüberträgt. Dali kann die Zeit am Schatten auf den Klippen ablesen. Er liebt Wandern und Schwimmen gleichermaßen. Über die dürren Pfade klettert er wendig und unermüdlich wie eine Ziege. Im Meer fühlt er sich wohl wie ein Fisch und ist erst recht in seinem Element. So wie Paul und Gala echte Städter sind, verlangt es ihn nach

der physischen Berührung mit der Natur, wie er sie in Cadaqués seit seiner Kindheit kennt. Er kann ohne sie nicht sein. Er könnte, so versichert er, nicht fern von seinem Katalonien leben, das er zum Atmen so dringend brauche wie für sein seelisches Gleichgewicht."

In meiner Wohnung hängt eine Kopie von einem Bild Dalis, das Galas Rücken zeigt.
In seiner Biografie „Das geheime Leben des Salvador Dali" schreibt er: „Sie war es! Galuscha rediviva! Ich hatte sie sofort an ihrem nackten Rücken erkannt. Ihr Körper sah noch wie der eines Kindes aus. Ihre Schulterblätter und die Lendenmuskeln besaßen eine jünglingshafte, plötzliche, athletische Spannung."

Ich kann Dalis Empfindungen nachvollziehen, Galas Rücken ist eindrucksvoll, kein weicher weiblicher Rücken, sondern ein Rücken, der eher maskulin ist und Spannungen aufweist. Dali hat in Gala die Frau seines Lebens gefunden. Er ist da ganz sicher, er muss sie noch gewinnen. Er schreibt in seinen Memoiren: „Bevor ich Gala kennenlernte war ich damals überzeugt, impotent zu sein. Beim Baden hatte ich die Geschlechtsteile meiner Kameraden gesehen und musste betrübt feststellen, dass sie alle viel größer waren als meines. Abgesehen davon hatte ich einen grauenhaften pornographischen Roman gelesen: Darin berichtet der Casanova vom Dienst, dass, wann immer er in eine Frau eindrang, ein Krachen zu hören gewesen sei, wie wenn eine Wassermelone aufbricht. Auf der Stelle sagte ich mir: Ganz bestimmt bist Du unfähig, eine Frau wie eine Wassermelone krachen zu lassen."

Dali macht Gala den Hof und Gala wird nach und nach weich.
Gala ist eine leidenschaftliche Muse. Die Mitwirkung an der Entstehung von Kunst braucht sie, wie die Luft zum Atmen. Paul Eluard war 17 Jahre alt, als er und Gala in einem Schweizer Lungensanatorium, zusammentrafen. Sie hatten beide angst früh zu sterben. Gala war hingerissen von den Gedichten, die Paul ihr widmete. Sie hatte Anteil an der Entstehung der Gedichte, sie verliebte sich zuerst in seine Gedichte, und dann in Paul. Sie hat Paul zu zahllosen Gedichten inspiriert, und sie hat die Entstehung dieser Gedichte kritisch und kreativ unterstützt, als sie die Ferienreise nach Katalonien antreten, ist diese Quelle der Inspiration für Paul versiegt.

Gala ist eine reife, liebeserfahrende Frau, als erstes bietet sie Dali ihren Körper an.

Auf Dalis Frage: Was soll ich mit Ihnen machen? Soll Gala geantwortet haben: „ich will, dass du mich umbringst."
Dominique Bona schreibt: „Gala muss, um zu lieben, das Gefühl haben lebensnotwendig sein, sie muss führen, jemand stützen, der schwächer ist als sie. Zu wissen, dass sie für einen Menschen unverzichtbar ist, verleiht ihrer Existenz Sinn und rechtfertigt sie vor sich selbst, es wertet sie auf und macht sie zu etwas Besonderem."

Nach ihrem Körper bietet sie Dali auch ihre Mütterliche Fürsorge an. Dali nimmt beides an.

Gala scheidet aus der Ehe mit einem wohlhabenden Dichter aus, als sie als Inspirationsquelle für den Dichter versiegt und wendet sich einem mittellosen, unsicheren, unbekannten Maler zu. Sie geht ein hohes Risiko ein.
Gala legt in diesem und den folgenden Sommern, ihre elegante Kleidung ab. Sie trägt Shorts, ist braun gebrannt, sie wird leidenschaftlich geliebt, sie ist so schön wie noch nie in ihrem Leben.
Dali malte Gala in zahllosen Bildern. Er idealisiert sie nicht. Es ist immer die wirkliche Gala. Dominique Bona schreibt: „Es haftet ihr etwas Mysteriöses an, was den Betrachter in Ihren Bann zieht. Sie bedarf keiner Verschönerung

und keines Zaubers, weil sie faszinierend ist und ihre bloße Gegenwart zum Ereignis wird. Dali weiß ihre magnetischen Kräfte getreulich ins Bild umzusetzen. Diese Art von Magnetismus beruht auf einem kaum fühlbaren Fluidum, das er aber in seinen Gemälden festzuhalten und dem Betrachter mitzuteilen versteht. Denn im Herzen dieser Persönlichkeit, die vor Energie und Willenskraft sprüht, brennt eine Flamme – jedoch eine Flamme von seltsamer Natur. Galas Feuer ist kalt.“
Und ein wenig später:
„Schon Max Ernst stellte sie umgeben von Vögeln und Säugetieren als eine Nackte dar, die Lianen umschlingen, als das wilde Geschöpf aus den Urwäldern seiner Phantasie. In Ihr ruht eine instinkthafte, fast brutale Kraft, die auch Dali fasziniert.
Diese beinahe animalische Kraft ist Galas Sinnlichkeit. Dabei verfügt sie nicht einmal über eine erotische Ausstrahlung im üblichen Sinn. Auch mit entblößter Brust, wie auf dem Bild Galarina von 1944, drückt sie trotz der an sich aufreizenden Pose weniger Begehren aus als Macht. Sie steht in einer mönchischen Nüchternheit, die sie adelt, ganz allein im Vordergrund des Bildes. In der Farbkomposition von Elfenbeinweiß und Grünbraun springen vor allem – einmal ganz abgesehen von ihren perfekten Brüsten - das kraftvolle Haar und der

schlanke muskulöse Oberkörper ins Auge, außerdem die Venen, die an ihren außergewöhnlichen Händen mit den überlangen Fingernägeln und roten Nägeln hervortreten. Ist sie also doch schön? Galarina ist das Portrait, das am ehesten stilisiert und doch am unerbittlichsten zeigt.....

Galas Blick taucht tief in den des Betrachters ein. Hier steht sie vor uns, mit ebenmäßigem Gesicht, nackt an Armen, Brust und Hals. Kann hier von Hingabe die Rede sein? Mit gekreuzten Armen und fest verschlossenem Mund begegnet sie der Welt mit dem unzugänglichen Hochmut einer Königin; selbstsicher tritt sie auf und ist doch zugleich auf der Hut. Gleichgültigkeit und Verachtung mischen sich in diesem Ausdruck. Selbst der Künstler, der zu enträtseln sucht, kann ihren Widerstand nicht brechen. Der harte wohlverborgene Kern in ihr erlaubt keine Vertraulichkeit. „Ich liege Gala in einem Zustand völliger Unterwerfung und Vergeistigung zu Füßen, gesteht Dali Louis Pauwels.

Seine Bilder bestätigen die Aussage: Zwar richtet Gala sich stets nach ihm und ist seinen Launen willfährig, nimmt jede gewünschte Pose ein und fügt sich, allein oder in Gesellschaft anderen Figuren und Gegenstände, als Randfigur oder Hauptperson, in jedes seiner Szenarien. Und doch beherrscht das Model den Künstler."

Das Ende ist bekannt, nach wenigen Jahren bitterer Armut, Dali wird von seiner Familie verstoßen, erzielen die Bilder, dank Galas Geschäftstüchtigkeit, Höchstpreise und das Paar lebt in einem verschwenderischen Reichtum. Nachdem die erste Leidenschaft abgeklungen ist bevorzug Dali die Masturbation zu seiner sexuellen Befriedigung, Gala nimmt sich Liebhaber. Als sie den Sohn von Max Ernst, Jimmy Ernst, anbaggert, und der nicht willig ist, und sie ihn später auf einem Empfang trifft, steuerte sie „erhobenen Hauptes direkt auf ihn zu, kam bis auf wenige Zentimeter an ihn heran, um ihm mit unglaublicher Wut ins Gesicht zu sagen: Du bist ein Dreckskerl... monstre...."
Die unterschiedliche sexuelle Orientierung hat die Leidenschaft Galas und Dalis füreinander nicht beeinträchtigt.

Gala Eluard und Salvador Dali sind asymmetrisch im Alter, in Ihre Sexualität, in ihrem künstlerischen Schaffensdrang, in ihrem Drang nach Wohlstand, in ihrer Wahrnehmung der Realität, in dem Drang nach Herrschaft. Diese Aufzählung ließe sich noch erweitern. Es scheint gerade diese extreme Asymmetrie zu sein, die das Paar ein Leben lang zusammengeschweißt hat.

Quellen:
Bilder im Netz:
Dali Bilder
Fotos im Netz
dali und gala fotos
Dominique Bona, Gala Ein Leben, Fischer Taschenbuch Verlag, 2007

Gustav und Alma Mahler

Von Alma Mahler-Werfel gibt es mehrere Biografien, in einigen findet sich heftige Zustimmung und in einigen heftige Ablehnung für die Person Alma. Ich habe mich für die Biografie von Astrid Seele entschieden. Sie bezieht nicht Stellung für oder gegen die Person Almas. Sie kommt, nach der Sicht der Zeugnisse, die es über und von Alma gibt, zu dem Schluss, dass Aufgrund der Widersprüche kein Urteil über die Persönlichkeit Almas möglich ist und überlässt es dem Leser ein Urteil zu fällen.
Ich will es wie Frau Seele halten und die Beziehung zwischen Alma und Gustav Mahler schildern und ein Urteil dem Leser überlassen.

Auf der ersten Seite ihrer Biografie schreibt Frau Seele:
„Die Lebensbeschreibung Almas liest sich geradezu wie ein „Who's who" des geistigen Lebens ihrer Zeit und Umgebung. Sie war die Tochter von Emil Jakob Schindler, einem anerkannten Landschaftsmaler, die Stieftochter von Carl Moll, einem Mitbegründer der Wiener Secession. Ihre erste große Liebe empfand sie für

den Maler Gustav Klimt, den Gründungspräsidenten der Secession. Der Burgdirektor Max Burckhard verliebte sich leidenschaftlich in sie, den Jugendstilarchitekten Joseph Maria Olbricht wollte sie heiraten. Mit ihrem Kompositionslehrer Alexander von Zemlinsky tauschte sie heiße Küsse, der Hofoperndirektor Gustav Mahler wurde ihr erster Ehemann. Ihn betrog sie beinahe mit dem russischen Pianisten Ossip Gabrilowitsch und mit dem Komponisten Hans Pfitzner, in Mahlers letztem Lebensjahr betrog sie ihn dann tatsächlich mit dem Architekten Walter Gropius, später Gründer des Weimarer Bauhauses. Bevor sie Gropius heiratete, hatte sie ein dreijähriges stürmisches Liebesverhältnis mit dem Maler Oskar Kokoschka. Ihren zweiten Ehemann Gropius betrog sie, während er an der Front stand, mit dem Dichter Franz Werfel. Mit diesem lebte sie zehn Jahre in wilder Ehe zusammen, bevor sie ihn heiratete und mit dem katholischen Geistlichen Johannes Hollnsteiner betrog."

Was für eine Frau! Was machte sie so anziehend? Die Fotos, die sie als junge Frau aufgenommen hat, zeigen eine stattliche Frau, mit einem weichen gut proportionierten Gesicht, dichten Haaren, groß, einer fließenden Figur. Sie sieht gut aus, ich empfinde sie aber nicht als eine Schönheit, ich denke es war etwas anderes, was sie so attraktiv für die geistige Elite ihrer Zeit machte.

In den Tagebüchern, zeigt sie sich gnadenlos ehrlich, als Mahler in der ersten Liebesnacht mit seiner Männlichkeit versagt, „schildert sie seine Impotenz mit einer rücksichtslosen Offenheit, die noch dem abgebrühten Leser von heute peinlich ist“, schreibt Frau Seele.

Ihre zeitweise überbordende Sinnlichkeit war sicher eine Anziehung, aber es gab sicher Frauen in ihrer Zeit, die Alma an Schönheit und Sinnlichkeit überlegen waren.

Was Alma so anziehend für Genies machte war ihre Leidenschaft für die Kunst und die Künstler. Das Genie eines Mannes wirkte auf sie so faszinierend, wie auf andere Frauen das Geld. (Diesen Satz habe ich geklaut, ich weiß aber nicht mehr wo).
Ich denke, das ist der springende Punkt. Die sexuelle Anziehung, die reiche Männer auf Frauen haben, lässt sich, an Hand der Regenbogenpresse, leicht nachvollziehen.
Umgekehrt wirkte es auf die Genies betörend, von einer Frau wegen ihres Genies bewundert zu werden.
Eine rückhaltlose Bewunderung hätte nicht ausgereicht, um die Leidenschaft so vieler ge-

nialer Männer, für Alma zu erklären. Bei aller Bewunderung für ihre Männer, war Alma immer kritisch und hat die Schwächen ihrer Genies erkannt, sie aber deshalb nicht weniger geliebt, sondern große Lust daraus gezogen, sich einzubringen, um diese Schwächen zu mildern. Die Muse für einen genialen Künstler zu sein, entfachte in Alma eine Leidenschaft, nach der sie süchtig war.

Wenn eine Frau einen Mann wegen seines Geldes heiratet, hält diese Leidenschaft an, solange der Mann reich bleibt. Bei Alma war das komplizierter, Muse im Werk eines Künstlers zu sein, ist zeitlich begrenzt. Auch Gala war nicht für alle Zeiten die Muse Dalis. Alma hat ihre Männer gewechselt, wenn sie ihren Musenstatus verloren hat, es waren nicht die Männer, die sie geliebt hat, sondern die Rolle, die sie in den Werken der Männer gespielt hat. Das erklärt auch, warum sie nach dem Tod ihrer Männer, die Witwenrolle so großartig und authentisch gespielt hat. Es waren auch ihre Werke, die ihr die Männer hinterlassen haben. In ihrer letzten Wohnung fanden sich Bilder von Kokoschka, Mahlers Partituren und Werfels Manuskripte. Ich kann es nicht belegen, ich zweifle aber nicht, dass es auch von Gropius Zeugnisse seines Werkes in Ihrer Wohnung gab.

Es fehlt noch etwas, ihre Anziehungskraft auf die Genies, war so gewaltig, dass ich denke, da war noch etwas.
Ich denke es war Almas wunde Seele. Sie war 13 als ihr Vater starb. Er war ein anerkannter Maler, war musikalisch und an Literatur interessiert. Er hat ihr musikalisches Talent gefördert, er las mit ihr den Faust, und sie hat ihm stundenlang beim Malen zugesehen.

In seiner bizarren Kurzanalyse hat Freud Mahler, eine Sehnsucht nach der Mutter und Alma, eine Sehnsucht nach dem Vater zugeschrieben. Mahler war zu diesem Zeitpunkt depressiv, weil ihn Alma mit Gropius betrogen hatte. Er war erleichtert, dass sein Alter, in seiner Beziehung zu Alma, nicht nachteilig war.

Von Gropius ist über seine Befindlichkeit zu wenig bekannt, Kokoschka und Werfel hatten aber sicher auch wunde Seelen.

Alma war für ihre Genies eine Seelenverwandte, sie spürten die wunde Seele Almas, ihre widersprüchlichen Empfindungen, ihre quälende Sehnsucht nach dem künstlerischen Ausdruck, und ihre Zerrissenheit, die auch die ihre war.

Alma hatte als Komponistin debütiert. Mahler verlange von Ihr, dass sie das Komponieren aufgab, sicher erwartete von ihr, aufgrund ihrer musikalischen Begabung, mehr Verständnis für seine Kunst, als von jeder anderen Frau, die er kannte.
Mahler hatten also gute Gründe Alma zu heiraten, er erwartete ein Frau, die sein Talent kannte und förderte, eine Frau, die ihn sexuell befriedigen würde und die alle Unannehmlichkeiten des täglichen Lebens von ihm fern halten würde. Er hat ihr seine Erwartungen in einem 20 Seitigen Brief vor der Hochzeit dargelegt.
Aus Almas Tagebüchern geht hervor, dass sie zuerst eher skeptisch in die Ehe gegangen ist, sie war nicht sicher, ob sie ihre eigene künstlerische Ambition aufgeben sollte, hat es aber dann doch getan, sie hat in Mahler den genialen Vater gesehen, in dessen Dienste sie aufgehen wollte. Sie hat gespürt, dass sie als Muse mehr für die Kunst tun kann, als, als eigenständige Künstlerin. Alma hat ihre Bestimmung gefunden. Sie wird selbst keine Kunst mehr hervorbringen, aber sie wird an der Entstehung von Kunst einen hohen Anteil haben.

Mahler ist 41 und Alma 22 als sie heiraten. Mahler stirbt 10 Jahre später. In den 10 Jahren ihrer Ehe ist Mahler 9 Jahre lang glücklich mit

Alma, sie erfüllt seine Erwartungen. Erst als sie ihn, mit dem jungen aufstrebenden Architekten Walter Gropius betrügt, das ist ein Jahr vor seinem Tod, ändert sich das schlagartig. Mahler kommt ihre Untreue völlig überraschend, er war all die Jahre erfüllt von seinem künstlerischen Schaffen und seiner Mission, die moderne Musik zu prägen. Er hat nicht bemerkt, dass seine junge Frau unzufrieden in der Ehe war. Die Skizzen zu seiner unvollendeten Zehnten Symphonie „sind voll von erschütternden Notaten, in denen Mahler verzweifelt seiner Liebe Ausdruck verleiht: Erbarmen! O Gott! O Gott! Warum hast du mich verlassen!, Leb wohl leb wohl Ach Ach. Für Dich leben! Für Dich sterben! Almschi!“

Almas Erwartungen an ihre Ehe hatten sich nicht erfüllt. Sie war in den 9 Jahren nicht Mahlers Muse, sondern seine Managerin und die Mutter seiner Kinder. Alma notiert in ihrem Tagebuch: „Gustav, warum hast du mich flugfrohen, farbfrohen Vogel an dich gekettet, wo dir doch mit einem grauen, schweren besser geholfen wäre!“ Oder: „Ich weiß, dass der Mann in der Welt draußen das Pfauenrad zu schlagen hat, während er sich zu Hause ausruhen will. Das ist das Los der Frau, aber nicht das meine!“

In Ihrem Mahler Buch schreibt Alma viele Jahre später: „Er war ein Kind, und das Weib war seine Angst!“ Sie war sexuell unbefriedigt in ihrer Ehe, Mahler schenkte ihr wenig Aufmerksamkeit, er war ganz in sein Werk versunken, ein Werk an dem Alma keinen Anteil hatte. Almas sexuelle Unbefriedigtheit hing mit einem Erlebnis in Mahlers Jugend zusammen, vermutet Frau Seele, sie schreibt: „Diese Frustration mag durchaus mit einem traumatischen Erlebnis des jungen Gustav zusammenhängen. Als Junge war Mahler ungewollt Zeuge einer brutalen Liebesszene zwischen dem Sohn des Hauses, in dem er als Prager Gymnasiast in Pension lebte, und einem Stubenmädchen, wollte dem Mädchen sogar helfend beispringen und verstand nicht, dass seine Hilfe brüsk zurückgewiesen wurde. Seither scheint Liebe für ihn untrennbar mit Leid und Schmerz verbunden gewesen zu sein und in ihm Schuldgefühle hervorgerufen zu haben.“

Als Mahler erkennt, dass er Alma vernachlässigt hat, überhäuft er sie mit Geschenken, widmet ihr seine Achte Symphonie und nimmt sein komponier verbot zurück und besteht darauf, dass Almas Lieder zusammen mit seiner Achten Symphonie veröffentlicht werden. Alma schreibt an Gropius: „diese abgöttische Liebe und Verehrung, die er mir jetzt zollt, ist kaum mehr normal zu nennen“ und unterzeichnet die Briefe an Gropius als seine Braut „und arrangiert eine heimliche Liebesnacht im Orient-Express.“

„Alma ist nun von der anfangs freudig, dann zunehmend lustlos Unterworfenen zur Herrscherin geworden, und sie findet an dieser Rolle, die sie in zukünftigen Beziehungen beibehalten wird, zunehmend Gefallen. Endlich hat sie den Zustand erreicht, der ihr vielleicht eben doch eher auf den Leib geschneidert ist: im Mittelpunkt zu stehen, verehrt zu werden, zu beherrschen.“

Als Mahler im Jahr 1911 in Amerika schwer erkrankt, schreibt sie an Gropius: „zu meinem größten Staunen konnte ich Unmenschliches leisten. Ich war buchstäblich 12 Tage nicht aus den Kleidern – und war Nurse – Mutter – Hausfrau – alles und über allem voll von Leid – Angst und Sorgen.“

Nach Mahlers Tod, wäre der Weg zu Gropius frei gewesen, Alma macht aber endlich eine Erfahrung, die sie bei Mahler und auch bei Gropius vermiss hat, sie wird die Muse eines Malers. Oskar Kokoschka malt zahllose Bilder von ihr. Ihre Musenrolle ist in den Bildern unübersehbar.

Alma hat Gustav Mahler betrogen aber nicht verlassen. Für viele Jahre hat Alma den schönen Schein aufrechterhalten, der geniale Musiker, dem sie sich unterwarf. Gustav konnte mit der schönen Alma in der Öffentlichkeit glänzen. Alma hat sich ganz seinen Bedürfnissen untergeordnet.
Dann in den letzten Lebensjahren Mahlers, der Betrug, Mahler leidet, in seiner 10 Symphonie ist das zu hören. Mahler hatte aber schon vor Almas Betrug neun Symphonien geschrieben, es ist nicht so, dass die zehnte Symphonie so viel großartiger ist als seine übrigen Symphonien. Es ist eine großartige Symphonie, Alma hat ihn dazu inspiriert. Wieder ein Verlierer, der am Ende der künstlerische Gewinner ist, allerdings etwas eingeschränkt, die zehnte Symphonie, zu der ihn Alma inspiriert hat, ist ein großartiges Werk unter zehn großartigen Werken. Bei Arthur Miller ist das anders, "Misfits" ist sein herausragendes Werk.

Quellen:
Astrid Seele, Alma Mahler-Werfel, rororo Monographie
Bilder im Netz unter:
alma mahler werfel bilder

Camille Claudel und August Rodin

August Rodin und Camille Claudel waren zehn Jahre lang ein Liebespaar und ein Künstlerpaar, das gemeinsam und getrennt, großartige Werke erschuf.
Camille war 21, als sie in die Werkstatt Rodins als Schülerin eintrat, sie hatte aber schon Portraits modelliert. Das Portrait der "alten Helene" schuf sie mit 17 Jahren
Zu finden im Netz unter: die alte helene camille claudel.
Bildhauern war schon als kleines Mädchen Ihre Leidenschaft. Sie war trotz ihrer Jugend eine bildhauernde Kollegin, als sie in Rodins Werkstatt eintrat.
Sie hat von dem 24 Jahre älteren und schon berühmten Bildhauer Rodin gelernt, aber auch Rodins Werk hat sich unter dem Einfluss von Camille verändert. Von Anfang an waren die beiden Künstler auf Augenhöhe.
Ein ungleiches Paar aber waren sie, Camille war jung und ungewöhnlich schön.
Ihr Bruder, der Dichter Paul Claudel schrieb über sie:

„Die Natur hatte sich ihr gegenüber verschwenderisch gezeigt; meine Schwester war von außergewöhnlicher Schönheit, dazu von einer Energie, einer Fantasie, einem Willen, die vollkommen ungewöhnlich waren."
Zitiert nach: im Netz zu finden unter: bildhauerin-camille-claudel-am-leben-gescheitert

Rodin war 45 Jahre alt, wirkte aber aufgrund seines langen Bartes älter.
Beide haben einander als Modell benutzt.

Asymmetrisch waren beide vor allem in ihrem sozialen Status. Rodin war ein angesehener Künstler, der lukrative Staatsaufträge hatte und finanziell unabhängig war.
Camille war ohne Einkommen, sie war abhängig von ihrer Familie, dazu kam, dass weibliche Bildhauer in der Öffentlichkeit nicht anerkannt wurden. Frauen die Skulpturen schaffen, galten als entartet und schmuddelig, die Bildhauerei war eine Männerdomäne.

In einem der berühmtesten Werke Rodins, den Bürgern von Calais, schuf Camille die Hände, das war ein entscheidender Beitrag zum künstlerischen Rang des Werkes.
Zur gleichen Zeit, in der der erste Guss der „Bürger von Calais" entstand, schuf Camille ihre Plastik „Der Walzer".

Zu finden im Netz unter; Camille claudel der walzer

Dieser Plastik ist ein eigenständiges Werk, ein Einfluss Rodins ist nicht erkennbar.
Anders ist es bei Rodins Werk “Der Kuss“.
Rodin war zu der Zeit hingerissen von Camilles Schönheit. In diesem Werk ist Rodin sinnlicher geworden.
Rodin wurde von der Schönheit Camilles inspiriert.

Künstlerpaare auf Augenhöhe sind in der Kunstgeschichte eine Seltenheit. Leonora Carrington und Max Ernst waren so ein Paar. Leonora hat sich von Max Ernst getrennt, weil sie ihre Eigenständigkeit als Künstlerin bewahren wollte. Max war ihre große Liebe, aber ihre Eigenständigkeit als Künstlerin war ihr wichtiger. Sie hat den Sprung in eine unsichere Zukunft gewagt und den Mann, den sie liebte, verlassen. Leonore war erfolgreich, Ihr Rang als Künstlerin ist dem von Max Ernst ebenbürtig. Camille hat auch den Mann verlassen, den sie geliebt hat, um ihre Eigenständigkeit als Künstlerin zu erreichen. Sie hat es 50 Jahre vor Leonora getan, sie hat es in einer Männerdomäne, als Bildhauerin, getan und sie ist gescheitert. Sie ist an einer psychischen Krankheit gescheitert. Sie hat kleinformatige, kopierbare, gut verkäufliche Werke geschaffen, da war sie Andy Warhol voraus. Ohne die Krankheit wäre sie noch zu Lebzeiten, Rodin ebenbürtig geworden. Eine grausame Krankheit hat sie zuerst in die Verelendung und dann für 30 Jahre in das Irrenhaus gebracht.

SPIEGEL-Redakteur Urs Jenny schreibt in einem Artikel über den Camille Claudel Film von Isabelle Adjani:

„Rodin - der Trennungsschmerz traf ihn tief, doch er steckte ihn weg - stieg in den Jahren danach zum unbestrittenen Weltmeister der Bildhauerei auf. Zur Weltausstellung 1900 ließ er auf eigene Kosten eine Schau-Halle errichten, um sich allein und in angemessener Monumentalität präsentieren zu können. Spät ist er dann, Strafe muss sein, noch einmal einer Frau zum Opfer gefallen, einer energischen jungen Amerikanerin, verheiratete Duchesse de Choiseuil: Sie ließ sich als seine "Muse" anreden, plünderte den Alten gründlich aus und machte ihn vor seinen Freunden lächerlich, aber sie schuf ihm auch durch eine bis dahin beispiellos preistreiberische Vermarktung, vor allem beim amerikanischen Publikum, ein Riesenvermögen.“

Zu finden im Netz unter: Spiegel: Ein Engel der in Tränen schwimmt, Urs Jenny

Künstlerisch gesehen, haben beide voneinander profitiert, menschlich haben beide durch die Krankheit Camilles verloren.

Quellen:
Auguste Rodin Wiki
Camille Claudel wiki
Spiegel ein engel der in Tränen schwimmt, urs jenny
bildhauerin-camille-claudel-am-leben-gescheitert

Irmi und Franz Ruf

Diesmal kann ich eine Geschichte erzählen, die ich nicht recherchiert, sondern erlebt habe. Das Paar Irmi und Franz Ruf kannte ich von klein auf und erlebte ich bis zu ihrem Tod, und ich muss es einräumen, ich habe sie auch geliebt. Ich hoffe, dass meine Geschichte nicht darunter leidet.

Franz Ruf war ein Architekt, seine Künstlerschaft ist in München und Umgebung zu besichtigen. Er hat überwiegend gemeinnützige, unauffällige Wohnungen, aber auch zwei Kirchen und viele Einfamilienhäuser gebaut, alle seine Bauten tragen seine Handschrift. Sein Bruder Sep ist der bekanntere Architekt. Franz stand immer im Schatten seines Bruders, aber seine Bauten haben eine Besonderheit, sie haben eine Ästhetik der Einfachheit, die ein Wohlgefühl beim Bewohner und Betrachter auslöst. Die Architektur von Franz Ruf ist geradlinig und schnörkellos. Sein Bruder dachte genauso, trotzdem gibt es einen Unterschied, die Architektur von Franz Ruf ist menschlicher. Sep Ruf hat die Bewohner seiner Häuser, mit seiner strengen, oft auch theoretisch fundierten Ästhetik, auch überfordert. Ein Beispiel dafür

ist der Kanzler Ehrhard, der sich in seinem architektonisch großartigen Haus am Tegernsee, nie wirklich wohl gefühlt hat. Sein Bruder Franz hat seine Bewohner nie überfordert, er hat immer im Sinn behalten, wie er sich in diesem Haus oder dieser Wohnung fühlen würde. Noch etwas war bei Franz Ruf anders als bei seinem Bruder, Franz achtete immer darauf, dass das Haus, in seine Umgebung passt. Er hat auch ein Haus am Tegernsee gebaut, in Sichtweite von dem seines Bruders, es liegt inmitten von Bauerhöfen, und es fügt sich wunderbar in diese Umgebung ein, es fällt nicht auf zwischen den Bauernhöfen, es passt dahin.
Franz Ruf hat keine Anleihen, bei den Bauernhöfen gemacht, sein Haus ähnelt keinem Bauernhof, er hat seine Ästhetik der Einfachheit und der Menschlichkeit, der Landschaft angepasst. Es gibt aber Einzelheiten, die der Umgebung geschuldet sind, das ist ein Winterhäusl aus Holz, das im Winter vor der Haustür aufgestellt wird und Ankommende vor Wind und Wetter schützt, das man auch bei den Bauernhöfen findet, oder ein Gemüsegarten, der vom Haus und einem Hügel geschützt wird.

Franz Ruf gewann den ersten großen städtebaulichen Wettbewerb der Nachkriegszeit in München für die Parkstadt Bogenhausen.

Ich bewohnte als Student eine Einzimmerwohnung in dieser Siedlung und fühlte mich dort sehr privilegiert Die Architektur der Siedlung wirkt anziehend, es war immer ein gutes Gefühl nach Hause zu kommen.

Bei einem Verstoß der Bewohner, gegen seine Ästhetik der Einfachheit, war Franz Ruf gnadenlos, als meine Eltern, in ihrem von Franz Ruf erbauten Haus, ein teures, ein bisschen plüschiges Sofa kauften, das ihm missfiel, kündigte er seine Freundschaft auf, er versprach dieses Haus, mit diesem Sofa, nie mehr zu betreten.
Meine Eltern kauften ein neues Sofa seiner Wahl, es war unübersehbar, er würde sein Versprechen halten.

Mir fällt eine kleine Episode ein, die meine Mutter erzählt hat. Sie stand mit ihrer Mutter am Fenster als Franz und Sep, kurz nach Kriegsende, in einem offenen Sportwagen, in den Hof meiner Großeltern einfuhren, mein Großvater war Bäcker, Schweinezüchter und Getreidehändler, es gab immer reichlich Nahrungsmittel und gutes Essen bei meinen Großeltern in dieser schweren Zeit, und meine Großmutter sagte: „Was für zwei schöne Männer“.

Jetzt zu Irmi Ruf, auch Irmi war eine schöne Frau, allerdings nicht im üblichen Sinn. Irmi hatte eine eher maskuline Figur, keinen Busen, stämmige Beine, und ein wunderschönes Gesicht.
Sie war auch mit über 80 Jahren noch eine schöne Frau. Ihre Schönheit kam aus ihrer Seele, Irmi war voller Leidenschaft für die Kunst und den Geist, ihre leidenschaftliche Seele war in ihrem Gesicht zu sehen.

Irmi konnte bei Verstößen gegen die Kunst und den Geist auch grob sein. In den Sommerferien ging die Familie Ruf, zu der in den Ferien auch meine Familie gehörte, zum Frühstücken auf eine nahegelegene Alm, beim Abstieg, jodelte die Sennerin für uns. Es war der Gesang einer einsamen Frau, der ans Herz ging. Ich war nicht andächtig genug, und bekam von Irmi eine sogenannte Kopfnuss, das war ein Stoß gegen den Kopf mit der geballten Faust und einem vorgestreckten gekrümmten Finger und einen wütenden Blick, beides war sehr schmerzhaft.

Noch eine Episode fällt mir ein, die Irmis Leidenschaft für die Kunst zeigt. Wir besuchten die Wieskirche und übernachteten in einem Gasthof nahe der Kirche. Mit von der Partie war meine Mutter und der mit mir gleichaltrige

Sohn Irmis. Es war eine mondhelle Nacht und Irmi schlug vor, nach dem Abendessen, in dem nahe gelegen See zu Baden. Irmi schlüpfte blitzschnell aus ihren Kleidern und sprang nackt in den See, wir Buben folgten ihr, meine Mutter blieb schamhaft zurück. Irmis Nacktheit hatte nichts Erotisches oder Anzügliches, es war Natur pur, wir Buben fühlten uns wohl in dem See mit der nackten Irmi. Beim Rückweg sahen wir, dass die Wieskirche beleuchtet war. Irmi steuerte sofort auf die Kirche zu und wir traten ein, es brannten einige Kerzen und der Messner machte sich am Altar zu schaffen. Das Mondlicht fiel in die Kirche. Wir waren von der Zartheit und Sinnlichkeit der Kirchenausstattung verzaubert.
Wir setzen uns in einen Kirchenstuhl und blieben lange sitzen. Beim Aufstehen wischte sich Irmi Tränen des Glücks aus dem Gesicht.

Hausfrauliche Arbeiten mochte Irmi nicht, als einmal die Haushälterin erkrankt war, mussten wir Kinder unsere Löffel abschlecken, und sie wurden dann im Geschirrschrank, als gewaschen, verstaut.
Als wir einmal mit dem Zelt zum Wandern in die Dolomiten fuhren und meine Mutter erkrankte und nicht mitkonnte und Irmi die Regie für die Verpflegung der Familien übernehmen musste, gab es vor allem Brot zu essen, das

hatte zur Folge, dass ich schrecklich furzen musste. Bei unseren Wanderungen gingen immer Irmi und mein Vater voraus, sie waren die Führer. Franzl ging immer am Schluss, er sorgte dafür, dass niemand verloren ging. Da ich so furzte, musste ich immer hinter Franzl gehen. Er drehte sich manchmal um und lächelte mir aufmunternd zu, bestand aber drauf, dass ich ausreichend Abstand hielt.

Irmi liebte es vom Wanderweg abzuweichen, das waren sogenannte Abschneider, mein Vater verhinderte die meisten Abschneider, manchmal setzte sich aber Irmi durch, das hatte zur Folge, dass wir uns verirrten und verspätet und übermüdet in unserem Zeltlager ankamen. Irmi tröstete uns Kinder immer, in dem sie uns erklärte, ohne den Abschneider, hätten wir diese wunderschöne Wiese im Mondlicht nicht gesehen.
Ich habe in meiner Kindheit und Jugend alle Ferien mit der Familie Ruf verbracht. Ich habe nie ein böses Wort zwischen Irmi und Franz gehört. Bei meinen Eltern gab es oft hässliche Szenen. Mein Vater hatte häufig Liebschaften mit anderen Frauen, meine Mutter hat ihm dafür ihre Liebe entzogen und ihn oft kalt und abweisend behandelt. Franz Ruf war als Mann sehr viel attraktiver als mein Vater und er hatte auch Liebschaften, im Gegensatz zu meiner

Mutter, hat Irmi das toleriert, alles Menschliche war Irmi nahe. Es gab aber Regelverstöße, gegen die Irmi nicht tolerant war, als ihre Tochter, mit einem Architekten aus dem Büro von Franz, eine Affäre begann und der sich von seiner Frau und den drei Kindern trennte, war Irmi hartleibig gegen ihre Tochter. Alles war bei Irmi erlaubt, aber es durfte niemand zu Schaden kommen.

Noch eine Episode fällt mir ein, die meine Mutter mir erzählt hat, als ich sie im Altenheim besuchte. An einem warmen Sommertag war Irmi, meine Mutter und Sep Ruf allein, Franz und mein Vater waren ins Gebirge gefahren und übernachteten auf einer Hütte.
In dieser Nacht hat Irmi mit Sep geschlafen und meine Mutter aufgefordert es auch zu tun, Sep wäre stark genug auch ihr noch Freude zu bereiten. Meine Mutter war ein schlichtes Gemüt aus einer kleinen Stadt und hat das abgelehnt.
Ich habe damals meine Mutter gefragt, ob sie es später bereut hat, nicht mit Sep geschlafen zu haben, sie hat mir lange nachdenklich in die Augen geschaut und dann geantwortet: „A bisserl scho".

Franz Ruf hatte eine Frau, die keine gute Köchin war, aber eine Frau, die er mit seiner Architektur bezaubern konnte. Sie bewunderte auch die Kunst seines Bruders, aber sie wusste, um die besondere Menschlichkeit, in der Architektur ihres Mannes und sie liebte ihn dafür ein Leben lang, auch seine noch im hohen Alter heftigen Liebesaffären, mit sehr viel jüngeren Frauen, entfremdeten ihn nicht von seiner Frau, nie hat jemand sein Talent besser verstanden und bewundert als sie.

Irmi hat kein Werk hinterlassen, das man heute bewundern kann, wie ihr Mann. Was sie hinterlassen hat ist flüchtig, deshalb aber nicht weniger wertvoll, für die, die sie kannten. Mich hat sie gelehrt, dass ein Leben, nur durch die Kunst, lebenswert ist und dass die Erstellung von Kunst das Beste ist, was Menschen leisten können.

Als Franz und Irmi bei einem Autounfall, gemeinsam mit ihrer Enkelin, ums Leben kamen, war es ein Trost zu sehen, dass die Särge der beiden gemeinsam in ein Grab gelassen wurden.

Ich recherchiere für eine neue Geschichte über Frida Kahlo und Diego Rivera. Frida Kahlo sagte am Ende ihres Lebens, dass sie froh ist, dass es vorbei ist und sie es auf keinen Fall noch einmal erleben will. Bei Irmi und Franzl ist das anders, es war ein gutes Leben, bei den Beiden stünde einer Wiedergeburt nichts im Wege. Ich habe nur fröhliche Erinnerungen an Irmi und Franzl und will deshalb meine Geschichte nicht mit deren Särgen, sondern einer Anekdote beenden, die Irmi gerne erzählt hat: Franzl hatte seinen Freund, den Architekturprofessor Johannes Ludwig und dessen frischvermählte, schwedische Frau, ihr war die deutsche Sprache noch nicht vertraut, in seinem zweisitzigen Cabriolet zu einer Spazierfahrt eingeladen, die Dame saß zwischen den beiden Herren. Nachdem Franzl losfuhr sagte die Dame: „Franzl mir ziehts ins Arschloch".

Frida Kahlo und Diego Rivera

Fridas Biograph Gérard de Cortanze hat sein Buch „La beauté terrible“ genannt und in seinem Vorwort von einer Szene aus der Frühgeschichte Mexikos berichtet, in der der Stamm der Tenochcas, dem Aufmarsch der waffenstarrenden, überlegenen, feindlichen Armee, eine Phalanx nackter Frauen entgegenstellte. Dieses Bild, ist sehr treffend für Frida Kahlo. Die vielen Selbstportraits, die Frida gemalt hat sind von schrecklicher Schönheit. Sie zeigt sich in ihren Portraits nicht nur nackt, sie zeigt sich mit offener Brust und offenem Herzen.

Die Biografie der Damen Isabel Alcántara und Sandra Egnolff über die Beziehung Frida Kahlo und Diego Rivera beginnt mit einem Foto, das Frida und Diego in einer zärtlichen Umarmung zeigt. Frida schmiegt sich an Diego und hat eine Hand um Diegos Schulter gelegt. Die Aufnahme stammt aus den letzten Lebensjahren von Frida. In ihren Gesichtern ist ihre Liebe zu sehen.
Sie finden dieses Bild im Netz unter: rivera-loved-everything-about

In dieser Biografie wird die schwierige Liebe der beiden beschrieben. Es war eine Liebe angefüllt mit Zuwendung, Zärtlichkeit, Treue, Verrat, Brutalität, sexuellen Exzessen aufseiten von Frida und es war eine Liebe, aus der auf beiden Seiten, Kunst entstanden ist.

Zu ihren Lebezeiten war Diego der mehr beachtete Künstler, heute hat ihn Frida an Bedeutung für die Kunst bei weitem überflügelt.

Frida war eine schöne Frau und sie hatte ein grausames Schicksal. Mit 18 wird sie Opfer eines schrecklichen Verkehrsunfalls, bei dem sie von einer Metallstange durchbohrt wird, die - so die ärztliche Diagnose - "durch die linke Hüfte eindrang und durch die Vagina wieder austrat" (Anette Seemann, Frieda Kahlo S. 64). Sie hat gegen dieses Schicksal gekämpft, in dem sie in ihren Bildern ihren kranken Körper und ihre kranke Seele entblößte. Ihre Bilder erzählen von einem Kampf gegen unerträgliches Leid.

Frida, hat nicht, wie die Surrealisten, Inspiration aus ihren Träumen bezogen, Frida malte ihre Realität und diese Realität bestand aus Schmerzen, Depressionen und Eros. Diese

Realität verwandelt sie, in ihren verstörenden Bildern, in Schönheit.

Rivera war, als die beide heirateten ein erfolgreicher Maler, er hatte gerade 12.000$ für ein Wandgemälde, vom amerikanischen Botschafter in Mexiko, kassiert. In seinem Leben war, bevor er Frida kennenlernte, alles glatt verlaufen. Er hatte wohlhabende Eltern, die sein Talent erkannten und förderten. Er machte eine akademische Ausbildung. Er lebte einige Jahre in Europa und konnte schon in sehr jungen Jahren Bilder ausstellen und verkaufen. Mit 28 Jahren hatte er seine erste Einzelausstellung. Er bereiste Italien und Spanien und lebte einige Jahre in Paris. Er diskutierte mit Picasso über den Kubismus und probierte mehrere Stilrichtungen aus. Modigliani malte ein Portrait von ihm. Rivera war schon in jungen Jahren ein großer, stattlicher Mann mit Schmerbauch und Doppelkinn. Er war sehr erfolgreich bei den Frauen. Er hatte einige kurzzeitige Liebschaften mit seinen Modellen, seine Lebensgefährtinnen in Europa aber waren Malerinnen. Seine Lebensgefährtin in Mexiko gebar ihm einen Sohn und stand für seine Wandgemälde Modell. Er betrog sie mit einer Schauspielerin, Fotografin und Revolutionärin und verließ sie, bevor er Frida kennenlernte.

Von Kelly Grovier gibt es einen Artikel auf BBC Culture Online vom 4 Dezember 2017, in dem er seine Aussagen über die Beziehung von Frida und Diego, ausschließlich aus Ihren Bildern schöpft.

Sie finden den Artikel im Netz unter: Kelly Grovier, BBC Culture Online vom 4 Dezember 2017 mit allen Bildern.
Der folgende Text ist eine sehr freie und gekürzte Übersetzung dieses Artikels.

Frida malte das erste Paar-Gemälde zwei Jahre nach der Eheschließung in San Franzisko, wohin sie Diego begleitete, er hatte einen Auftrag für zwei Wandgemälde. Es ist ein Bild voller Widersprüche.

Das Bild zeigt Frida in traditioneller mexikanischer Kleidung, Diego in europäischer Kleidung.

Diegos Kopf ist leicht von Frida abgewendet, währende seine Augen, wie eine Kompassnadel, in die Richtung Fridas driften. Was können wir aus der verwinkelten Neigung ihres eigenen Blicks entnehmen, der nicht parallel zum Blick Diogos verläuft, aber auch den Betrachter nicht anblickt?

Obwohl Kahlo das Werk gemalt hat, hält Diego die Palette und die Pinsel umklammert, während Frida, mit der einen Hand einen Knoten an ihrem Bauch hält und mit der anderen, beginnt die Hand Diegos loszulassen?

Ihre Finger, die einen Schal festhalten, können eine Anspielung auf die chronischen Gebärmutterschmerzen sein, die sie in den letzten sechs Jahren erleiden musste. Aber die Geste ist auch vorausschauend für die Verluste, die sie durch die Fehlgeburten und die Unfähigkeit, ein Kind auszutragen, erleiden wird. Als Vorahnung für außereheliche Beziehungen können die wandernden Augen der beiden verstanden werden.

Die Inschrift auf dem Band, das der Vogel in das Bild hält, ist eher ein ironischer Kommentar zu dem komplexen Bild. Er lautet: "Hier sehen Sie mich, Frida Kahlo, mit meinem geliebten Ehemann Diego Rivera"
Sie finden dieses Bild im Netz auch unter: Frida und Diego Rivera Bilder

Ein Jahrzehnt nach dem Doppelportrait, greift Frida das Thema ihrer turbulenten Beziehung zu Diego wieder auf. Das Bild "Tehuana", wurde 1940, während der kurzen Auszeit der beiden schwankenden Ehen des Paares, begonnen. Es zeigt die, in Spitzen der traditionellen mexikanischen Kleidung, gekleidete Künstlerin, umgeben von spinnenartigen Fasern, die die unsichtbare Scheibe vor dem Werk beschädigt

haben, als sei die Windschutzscheibe ihres Geistes von einem Stein getroffen worden. Im Zentrum des Aufpralls steht eine Miniaturbüste von Diego, die wie ein kunstvolles drittes Auge auf der Stirn eingemeißelt ist. Der Wechsel Diegos, von einer imposanten, physischen Präsenz, neben ihr, im früheren, konventionelleren Porträt, zu einem Teil ihres Körpers, ist tiefgreifend. So stürmisch ihre Beziehung auch geworden ist, Diego ist das Auge, durch das sie die Realität wahrnimmt.
Ein späteres Selbstporträt, „Diego und ich“ (1949), zeigt wieder Diego, eingeprägt auf Kahlos Stirn.
Sie finden das Bild im Netz auch unter: diego und ich 1949

Während in dem älteren Bild, Diegos Gesicht einen freundlichen Charakter hat, ist diesmal das Bild Diegos, eine offene Wunde, oder ein Geschwür.
Das Bild entstand inmitten von Gerüchten, dass er sie bald, für ein Hollywood-Starlet, verlassen würde.
Im Gegensatz zu Frida, die das Gesicht ihres Mannes oft in ihrer Malerei erforschte, nutzte Rivera Fridas Gesicht nur selten für sein Werk. Es gibt sie aber, die Bilder von Frida, im Werk von Diego.

In seiner Radierung “Sitzende Nackte mit erhobenen Armen“, die im ersten Jahr der Ehe des Paares entstand, zeigt er Frida, wie sie gerade zu Bett geht, sie ist noch unvollständig ausgezogen, sie trägt noch hohe Schuhe, Strümpfe und eine Halskette, sie löst gerade das Band in ihren Haaren und reckt dazu beide Hände in die Höhe, ihr Gesicht zeigt sie in Gedanken versunken.
Es ist ein zärtliches Bild, voller Gelassenheit.

Neun Jahre später malt Diego Frida erneut. Gegen einen Himmel, der sich dramatisch von Blau auf der linken Seite nach Grün auf der rechten Seite verschiebt, durchbohrt Kahlos unbeirrter Blick, unangenehm den Betrachter. Dieses Bild zeigt Diegos berühmte Einschätzung von Kahlos Genie, als besessen von "einer gnadenlosen, aber sensiblen Beobachtungsgabe".
Dieses Bild finden Sie auch unter: Credit: Banco de México Diego Rivera Frida Kahlo Museums Trust, Mexico, DF/DACS 2017

An Fridas Todestag zeichnet Diego, auf einem Asbestschindel, erneut ein Bild seiner Frau. Als Vorlage nutzte er ein Foto eines Fotografen, mit dem sie vor 16 Jahren eine kurze Liebesaffäre hatte. Seine Entscheidung auf ein Asbestschindel zu malen ist bemerkenswert

und könnte er mit Bedacht gewählt haben, um die abwechselnd isolierende und giftige Natur ihrer Liebe zu zeigen.
Fridas Kopf ist von einem Feuer umhüllt, das aus zwei geschwollenen Arterien auf ihrem Kopf austritt. Ihr Hals ist im Würgegriff von knorrigen Wurzeln.
Dieser Zusammenprall von inneren und äußeren Kräften – Herz und Bäumen – lenkt uns fast von der unerwarteten Süße des einfachen Wegweisers ab, den Rivera unter die Zeichnung geschrieben hat: "Für das Mädchen in meinen Augen".
Das Bild finden sie auch im Netz unter: Credit: Banco de México Diego Rivera Frida Kahlo Museums Trust, Mexico

Jetzt noch einmal zurück zu Fridas Bilder von Diego.
Es gibt ein Bild, das in der Aufstellung von Kelly Grovier fehlt, das aber einen wichtigen Aspekt der Beziehung der Beiden berührt.
Die folgende Erläuterung zu diesem Bild stammt aus der NZZ vom 14.02.2004, ich habe leider den Autor oder die Autorin nicht ausmachen können:
„Nach dramatischen Höhe- und Tiefpunkten ihrer Ehe malt Frida Kahlo zur Zeit der Versöhnung „Liebesumarmung des Universums, der Erde (Mexiko), mir, Diego und Herrn Xolotl.

(1949)". Kahlo kehrt die Rollen um, sie hält den großen (auch körperlich großen), berühmten Ehemann Diego Rivera nackt wie ein Kind in ihren mütterlichen Armen. Wie eine Göttin des Lebens ist sie feierlich rot gekleidet. Sie ihrerseits wird von einer steinernen großen Göttin gehalten. Und auch diese weibliche Gottheit wird wiederum von einer großen Instanz gehalten. Es ist das Universum aus hellen Tag- und dunklen Nachtseiten, auf das der Titel verweist. Haltend ist sie gehalten. (Für Kahlo ist es nicht zu trivial, ihren Hund, Herrn Xolotl, friedlich in den Armen des Universums ruhend, in ihre Vision mit einzubeziehen.)"
Zu finden im Netz unter: bilder frida kahlo

Frieda Kahlo schreibt in ihrem Tagebuch, sie hätte ohne Diego ihre Krankheit nicht ertragen. Diego war treulos aber liebevoll.

Selma Hayek drehte über Frida einen sehenswerten Film.

Quellen:
Frida Kahlo wiki
Diego Rivera wiki

bbc.com/culture/story/20171204-frida-kahlo-and-diego-rivera-portrait-of-a-complex-marriage
Isabel Alcántara und Sandra Egnolff, Frida Kahlo und Diego Rivera, Prestel
Anette Seemann, Frida Kahlo, List Taschenbuch
Diego Rivera, My Art, my Life, An Autobiography with Gladys March, New York 1991

Alex und Ada Katz

Alex Katz stellt im Winter 2018/19 im Münchner Brandhorst Museum aus. Lieber Leser, sieh Dir das Video an, das anlässlich der Eröffnung gedreht wurde.

Gehen Sie ins Internet und geben Sie ein: alex katz in münchen zdf

Alex sagt über Ada: "Alles an ihr ist schön." Auf die Frage, „das klingt nach sehr viel Liebe" sagt er: „Es ist Liebe, aber es ist mehr ...wirklich...."

Ich sollte keinen Text mehr schreiben, höchstens noch Links auf Bilder setzen. Dieses Video überwältigt mich. Alex ist 91, Ada 92. Alex sieht aus wie Nosferatu, Ada ist eine berührend schöne Greisin.
In meiner Wohnung hängen zwei Bilder von Ada. Ada mit dem Regenschirm, Ada mit Bademütze.
Ich sehe diese Bilder seit 5 Jahren täglich, und ich liebe diese Bilder immer noch.
Es sind Bilder, die eine Frau zeigen, deren Schönheit überwältigend ist.

Es ist der Augenblick, den Alex eingefangen hat, als Ada sich zum Schwimmen bereit gemacht hat und als Ada in den Regen hinaustrat. Alex erzählt in seinen Bildern keine Geschichten, er fängt Augenblicke ein. Augenblicke der Schönheit.
Ich kann verstehen, dass Alex seine 92 Jahre alte Frau schön findet, er hat Millionen Bilder von Ada im Kopf, er sieht nicht die Ada von heute, er sieht gleichzeitig mit der Greisin, die junge und die reife Ada.
Ich habe auch die Erfahrung gemacht, dass weibliche Schönheit, im Kopf eines liebenden Mannes, die Jahre überdauern und die Realität verdrängen kann. Das ist die Gnade einer langen Liebe. In meinem Fall ist es noch viel krasser als bei Alex, ich hatte 25 Jahre lang eine schöne Frau und lebe seit 25 Jahren mit einer kranken, entstellten Frau zusammen, deren Schönheit, Süße und Zärtlichkeit ich immer noch im Kopf habe.
Es ist wahr, die Schönheit Adas ist nicht nur in den Bildern von Alex, sondern auch in seinem Kopf, unvergänglich, ich kann es bezeugen. Ada und Alex legen Zeugnis ab, von der ewigen Liebe.
Vor sechs Jahren gab Alex einer Frau, die zwanzig Jahre früher, sein Modell war, ein Interview. In dem Video ist zu sehen, dass Alex, die reife Schönheit seiner Interviewerin ge-

nießt, es ist aber auch zu sehen, dass er das ohne Hintergedanken tut. Alex liebt die weibliche Schönheit, er muss sie nicht besitzen, er hat hinsichtlich weiblicher Schönheit, nichts versäumt, er wurde reichlich beschenkt, da war Ada.

Hätte es Ada im Leben von Alex nicht gegeben, so würde ich mich nicht für seine Bilder interessieren. Ich finde seine Landschaften und sonstigen Porträts dekorativ, aber ich werde nur von den Ada Bilder berührt.
Das folgende Interview gab das Ehepaar Katz am 3.7.11 dem Journalisten Cornelius Tittel für die Welt:
Zu finden unter: Welt, Wahre Schönheit währt ewig

Welt am Sonntag: Frau Katz, es ist viel über die Bilder geschrieben worden, die Ihr Mann von Ihnen gemalt hat. Robert Storr, der frühere Biennale-Direktor, hat den Gemälden ein ganzes Buch gewidmet. Und trotzdem gibt es kein einziges Zitat von Ihnen.
Ada Katz: Wie auch? Das hier ist ja mein erstes Interview.
Alex Katz: Sie spricht nie. Sie denkt, sie sei nicht wichtig.
Ada Katz: Ich bin nur die Frau auf den Bildern. Der Maler ist er.

Welt am Sonntag: Picasso hat unzählige Bilder von Marie-Thérèse gemalt, seiner großen Liebe. Auch mit ihr hat leider nie jemand gesprochen.
Ada Katz: Das ist schade, Sie haben recht. Aber was kann ich Ihnen schon Interessantes erzählen?
Welt am Sonntag: Zum Beispiel: Wenn Sie sich auf der Leinwand sehen,
was ist Ihr Grundgefühl?
Ada Katz: Ich sehe, dass ich nützlich war.
Welt am Sonntag: Das ist alles? Klingt sehr abgeklärt.
Ada Katz: Ich sehe die Werke als Gemälde, ich sehe die Unterschiede zwischen ihnen. Es sind Gemälde von Ada, ich nenne sie auch so: "Ada-Bilder", aber ich sehe mich nicht selber darin. Ich achte auf andere Dinge.
Welt am Sonntag: Sie sehen nicht Ihr Leben an sich vorbeiziehen? Ich hatte erwartet, dass die Bilder Sie vielleicht sentimental stimmen, melancholisch.
Ada Katz: Wenn die Bilder von einem Glück erzählen würden, das nicht mehr existiert, hätten Sie recht. Aber das Glück dauert ja an. Wir sind noch am Leben, unsere Ehe lebt, alles ist okay. Es gibt keinen Grund, nostalgisch zu werden.

Was noch zu ergänzen wäre: Ada hat Biologie studiert und in der Krebsforschung gearbeitet, als sie Alex kennenlernte.

Ich komme gerade aus dem Museum Brandhorst. Es gibt dort 4 Bilder von Ada. Eines gleich am Eingang: Ada in grau aus dem Jahr 1997, Ada ist 70 Jahre alt. Zwei in der Mitte der Ausstellung: Ada in schwarz aus dem Jahr 1960, Ada ist 34 Jahre, und Ada 4 Januar 1992, Ada ist 66 Jahre alt, ein weiteres zwei Säle weiter, Ada 1999, kein Bild, sondern ein kleines Gestell an dem Adas Gesicht, in wirklicher Größe, befestigt ist, aus dem Jahr 1999, Ada ist 73 Jahre alt.
Diese Bilder belegen meine Theorie, dass Adas Bild, im Kopf von Alex, alterslos ist, dass es nur eine kleine Rolle spielt, zu welchem Zeitpunkt Alex Ada porträtiert.
Auf dem Bild "Ada 4 Januar ist Ada 66 Jahre alt. Das kann kein Bild der 66 Jahre alten Ada sein.
Es gibt auch Bilder in denen Alex die Veränderungen zeigen will, die das Alter im Gesicht von Ada angerichtet hat.
Es ist nicht so, dass Alex Ada die ewige Jugend schenken will. Er malt das Bild von Ada, das gerade beim ihm im Kopf ist. Zur tristen Winterlandschaft, passt nun einmal die jugendliche Ada besser als die alte Ada. Das Bild

könnte sonst depressiv wirken, das will Alex auf keinen Fall. Er ist der Maler der Schönheit. Seine Bilder der alten Ada zeigen eine Frau, die immer noch schön ist, und das verrückte ist, Sie haben es in dem Video gesehen, Ada ist tatsächlich mit 92 Jahren noch schön.
Alex spricht nicht von Ada, sondern von Äda.
Noch etwas ist mir in der Ausstellung aufgefallen. Im hintersten, riesigen Raum befinden sich riesige dekorative Landschaftsbilder von Alex und ein kleines Gestell an dem Adas Gesicht, in wirklicher Größe, befestigt ist. Das unfassbare ist, dieses kleine Gesicht dominiert den Raum und lässt die riesigen Bilder verblassen.

Hier noch ein Kommentar zum heutigen Aussehen von Alex aus dem Netz:
“Never imagined Nosferatu was gonna be such a mellow guy”.

Quellen:
Bilder von Ada:
Bilder ada katz
Bilder von Alex Katz:
Bilder Alex katz

Dorothea Veit und Friedrich Schlegel

1797 lernen sich Friedrich Schlegel und Dorothea Veit bei einem Abendessen in einem Salon kennen, in dem sich die geistige Elite Berlins trifft.
Friedrich Schlegel ist ein junger Philosoph und Schriftsteller, der durch Aufsehen erregende Schriften von sich reden macht. Dorothea Veit ist verheiratet und Mutter von vier Kindern.
Noch im gleichen Jahr wird Dorothea Friedrichs Geliebte. Sie lässt sich scheiden und lebt mit Friedrich sieben Jahre lang in wilder Ehe zusammen.
Zu Beginn der Beziehung entsteht Schlegels Roman Lucinde. In diesem Roman schildert Schlegel freimütig sein außereheliches Zusammenleben mit Dorothea und trägt damit dazu bei, dass die romantische Liebesehe, wie sie heute verbindlich ist, sich durchsetzt.
Barbara Kuchler schreibt in ihrem Text "Liebe ist eine Erfindung der Neuzeit": „Romantische Liebe ist kein archaisches Relikt, sondern eine Erfindung der Moderne. Die wenigsten Gesellschaften der Geschichte kennen die Liebe in unserem Sinn, Heiraten und Familienbildung folgten dort anderen Regeln. Es gab oft keine freie Partnerwahl, geschweige denn aufregen-

de Liebesdramen. Ehen wurden von den Eltern arrangiert und sahen höchstens eine gewisse Sympathie zwischen Mann und Frau vor..... Ehe und Familie auf eine rein emotionale Beziehung zu gründen, statt auf ökonomische oder andere handfeste Erwägungen, war ein radikal neuer Gedanke."

Friedrich und Dorothea stellten sich mit ihrer Vorstellung von der romantischen Liebe gegen ihre Zeit.
Friedrich war Protestant, eine wilde Ehe wurde auch in protestantischen Kreisen nicht gutgeheißen, wurde aber bei einem Mann eher toleriert, als bei einer Frau. Dorothea war Jüdin, durch ihre Scheidung und durch die wilde Ehe, in der sie mit Friedrich lebte, stellte sie sich nicht nur außerhalb der jüdischen Gemeinschaft, sondern auch außerhalb des großen Teils der Gesellschaft, nur in dem kleinen Kreis der Literaten und Philosophen, den die beiden um sich geschart hatten, wurde sie nicht angefeindet. Sie musste, mehr wie Friedrich, unter dem Hass leiden, der ihr aus allen Teilen der Gesellschaft entgegenschlug.

1801 veröffentlichte Dorothea ebenfalls einen Roman, "Florentin", sie konnte das nicht unter ihrem Namen machen, sondern nur anonym, sie hätte als Frau keinen Verleger gefunden.

Während der Roman Friedrichs sperrig und schwer lesbar ist, es ist ein Roman, der in erster Linie ein Programm unter die Leute bringen will, Friedrich war mehr Philosoph als Romanschriftsteller, ist Dorotheas Roman gut lesbar. Interessant ist, dass Dorothea in diesem Roman die Schwierigkeiten von Paarbeziehungen zeigt. Friedrich formuliert in seinem Roman: eine Paarbeziehung, muss auf den Gefühlen des Paares füreinander aufbauen.

Dorothea zeigt wie schwierig das in der Realität ist. In Ihrem Roman ist der Held, also Florentin ein Mann, er hat aber sehr weibliche Gefühle. Es ist schon durch die Namensgebung unklar, ob er eine Frau oder ein Mann ist. Friedrich spricht sich für die Gleichstellung von Mann und Frau aus. Dorothea zeigt wie schwierig das ist. In Ihrem Roman zieht eine weibliche Romanfigur Männerkleidung an, um an einem Reit Ausflug von Männern teilzunehmen. Die Emanzipation scheitert, ein Gewitter bricht herein und die Dame wird vor Angst hysterisch.

Friedrich und Dorothea waren, künstlerisch gesehen, ein Paar auf Augenhöhe. Er der radikale Denker, sie die Schreiberin eines, im heutigen Sinne, modernen Romans, in dem die wechselnde Geschlechterrolle und die weibliche Emanzipation thematisiert werden, hundert Jahre bevor es moderne Romane gibt.

Ihre Asymmetrie lag in der Ungleichheit der Geschlechterrolle in ihrer Zeit.

Nachtrag: Friedrich und Dorothea heiraten nach sieben Jahren und wechseln ins katholische Lager. Ihr Ausbruch aus den gesellschaftlichen Konventionen war nur vorübergehend. Sie hatten beiden keinen Brotberuf, mussten von der Schriftstellerei leben, aber das ist eine andere Geschichte.

Quellen:
Lucinde wiki
Friedrich_Schlegel Wki
Dorothea_Schlege wiki
Kuchler liebe ist eine Erfindung der Neuzeit
florentin roman wiki

Lisa Halliday und Philip Roth

Auf Lisa Hallidays Buch “Asymmetrie“ bin erst spät gestoßen. Dieses Buch hat auch dazu geführt, dass ich meinen Buchtitel von “Ungleiche Künstlerpaare“ in “Asymmetrische Künstlerpaare“ umbenannt habe.

Der Roman von Lisa Halliday hat drei Teile. Der erste Teil beschreibt, über mehrere Jahre hinweg, das Zusammenleben der jungen Alice, mit dem, über siebzig Jahre alten, berühmten Autor Ezra Blazer. Hinter Ezra Blazer ist unschwer Philip Roth zu erkennen.
Lisa Halliday bekennt sich in diesem Text, freimütig zu ihrer Affäre mit Philip Roth. Sie war Ende zwanzig als sie die Affäre mit Roth hatte, sie ist 41 als sie ihren ersten Roman veröffentlicht.
Der zweite Teil beschreibt den Aufenthalt, des gebürtigen Irakers und US Bürgers Jaafari, im Transitbereich des Londoner Flughafen. Er wird aus unbekannten Gründen festgehalten. Er durchlebt erneut die Stationen seines Lebens als Migrant. Mr. Jaafari kommt dem Leser sehr nahe, näher als Alice, es scheint so, dass die Autorin demonstrieren wollte, dass ein er-

fundener Text bewegender ist als ein erlebter Text.
Der dritte, kurze Text, beschreibt ein Interview Blazers mit einer attraktiven BBC-Journalistin, die er zum Ende das Interviews, live anbaggert.

Was ist das für ein merkwürdiger Roman, bestehend aus drei Teilen, die nichts miteinander zu tun haben. Ich las alle drei Teile mit Interesse. Das Buch strahlt eine Frische aus, etwas was in der Art noch nicht dagewesen ist.

Der Ton der Erzählung im ersten Teil ist schlicht und zurückgenommen.
Ein Beispiel:
„Während sie ihre Strumpfhose hinaufzog, stand er auf und machte das Yankee Spiel an.
„Oh ich liebe Baseball," sagte Alice.
Oder
Ezra: „Ich weiß was Du machst, wenn Du alleine bist."
Alice: „Was?"
Ezra: „Du schreibst. Ist es nicht so?"
Alice: „Ein bisschen"
Ezra: „Schreibst du über uns?"
Alice: „Nein"
Ezra: „Ist das wahr?"
Alice: „Es geht nicht."
Ezra: „Worüber schreibst du dann?"

Alice: „Andere Leute. Leute die interessanter sind als ich.“

Die Autorin hat den zweiten Teil geschrieben, während sie mit Roth eine Romanze hatte. Roth kannte den Text. Er schreibt zu der Zeit an Nemesisi, es ist sein letzter Text. Sie sind ein schreibendes Paar. Lisa hat gerade angefangen ernsthaft zu schreiben, Philip schreibt an seinem letzten Text.
Am Beginn ihrer Romanze ist die Asymmetrie ihrer Beziehung stark ausgeprägt, die junge Frau, der alte Mann, die Anfängerin, der Großschriftsteller. Erzra zahlt ihren Studienkredit zurück, gibt ihr Geld für Kleider und eine Klimaanlage für ihr Apartment.

Erzra schämt sich für seine Romanze, er nimmt Alice nicht mit auf eine Party, die Freunde für ihn geben, er druckt Visitenkarten für Alice, um sie vor den Angestellten auf seinem Landsitz, als seine Assistentin erscheinen zu lassen.
Interessant ist diese Scham hinsichtlich seines Romans „Das sterbende Tier“, hier gibt es einen alternden Professor für Literatur, der in eine obsessive Liebesbeziehung zu einer Studentin gerät und diese verliert, als er es aus Scham für sein Alter, nicht fertigbringt, die Par-

ty zu besuchen, die ihre Eltern, anlässlich der Feier ihres Studienabschlusses, geben.

In drei Büchern, „Sabbaths Theater", „Der Menschliche Makel", „Die Brust",
hat Roth das Thema, der alte Mann als Mentor und die junge Frau als Quell letzter Jugend, verarbeitet.
Genau dieses Thema dreht die Autorin um. Alice erzählt die Geschichte ihrer Romanze mit dem Großschriftsteller, aus der Sicht der jungen Frau.

Die Asymmetrie verschiebt sich gegen Ende des Textes, Erzra wird fragiler und kränker, er bittet Alice für ihn Medikamente zu kaufen und ihn in die Notaufnahme eines Krankenhauses zu begleiten.

Die Stelle, im Text von Lisa Halliday, die ich am meisten liebe ist die folgende:
„Neben den riesigen Platanen wirkte er kleiner und zerbrechlicher als drinnen im Schutz seiner Wohnung, und für einen kurzen Moment sah Alice, was andere Menschen vermutlich sahen: Eine gesunde junge Frau, die ihre Zeit auf einen hinfälligen Greis verschwendete. Oder waren andere womöglich fantasievoller oder mitfühlender, als sie glaubte? Nahmen sie vielleicht an, dass mit ihm trotzdem alles inte-

ressanter war als ohne ihn, oder fanden sie vielleicht sogar, dass ihr Mut und ihre Hingabe Eigenschaften waren, von denen die Welt mehr braucht statt weniger?“

Für den diesen Teil ihres Romans fand sich kein Verleger, trotz der Fürsprache von Roth.

Lisa Halliday hat einen voyeuristischen Text über ihre Beziehung zu Philip Roth geschrieben, um ihren Text über den Migranten Jaafari veröffentlichen zu können. Sie zeigt das dem Leser, sie versucht es nicht zu verheimlichen. Dieser Text hat ihr die Türen zu Verlagen geöffnet. Der Text aber zeigt, Lisa Halliday hat nicht mit Philip Roth geschlafen, um Karriere zu machen, es ist eine Liebesbeziehung, das macht das Buch so berührend.

Lisa Halliday spielt in Ihrem Roman, mit dem unten und oben in der Paarbeziehung und mit dem Tatsächlich erlebten und dem frei Erfundenen. Sie macht das gekonnt. Ihr Mentor Philip Roth, erlebte die Entstehung des Romans und die Veröffentlich, kurz vor seinem Tod, mit, es muss für ihn reiner Genuss gewesen sein. Eine junge Frau, die ihm in seinen letzten Lebensjahren lustvolle Orgasmen verschaffte und die er, als Muse, zu einem literarischen Werk inspirierte.

Aus einem Interview, das Lisa Halliday kürzlich der Journalistin Karin Krüger für die FAZ gab, geht hervor, dass Roth ihren Text kannte und mochte und dass ihre Freundschaft mit Roth, ihre Heirat und Mutterschaft überstanden hat. In diesem Interview sagt die Autorin auch, dass sie den dritten Teil, mit großem Vergnügen geschrieben hat. Dieses Vergnügen überträgt sich auch auf den Leser.
Roth gewinnt den Nobelpreis, plaudert über Musik und baggert die Interviewerin an.

Eine seltene Konstellation, ein berühmter Autor, am Ende seines Lebens, der eine junge Autorin zu einer Liebesgeschichte inspiriert.

Quellen:
Lisa Halliday: Asymmetrie. Aus dem Englischen von Stefanie Jacobs. Hanser, 320 S.,
Rezension zu Asymmetrie:
Lisa Halliday. So war das mit Philip Roth

Clara Schumann und Johannes Brahms

Von Johannes Brahms gibt es ein Klavierstück mit Variationen über ein Thema von Robert Schumann. In den Takten 30–32 der 10. Variation erscheint als Mittelstimme ein Thema Claras, das Robert Schumann seinem op. 5 zugrunde gelegt hatte. Dieses Klavierstück zeigt die enge Verflechtung, die zwischen den Dreien bestand (Siehe Wikipedia Johannes Brahms).
1853 besucht Brahms die Familie Schumann in Düsseldorf und wird dort herzlich aufgenommen. Vor allem Robert zeigt große Sympathie für den jungen Kollegen. Er schreibt einen Artikel über Brahms, in der von ihm gegründeten Zeitung „Neue Zeitschrift für Musik“ und durch seine Führsprache kann Brahms einige Werke publizieren.

Schuhmann ist in diesem Jahr schon krank. Clara ist als Konzertpianistin erfolgreich, sie verdient das Geld für die große Familie. Clara ist Mitte Dreißig, sie hat sechs Kinder zur Welt gebracht und Robert bei Weitem überflügelt.

Ein Bild aus dem Jahr 1853 zeigt, sie ist nicht mehr die Schönheit, die sie in jungen Jahren war, sie ist eine erfolgreiche, hart arbeitende Frau. Ihr Klavierspiel ist virtuos und technisch perfekt. Sie begeistert ihr Publikum mit ihrem leidenschaftlichen Spiel.

Brahms ist 20 Jahre alt, er ist ein hübscher Junge mit langen blonden Haaren, er ist sensible und hinsichtlich seiner musikalischen Begabung sehr unsicher.
Ein Jahr, nachdem Brahms in der Familie Schuhmann aufgenommen wurde, springt Schuhmann von der Rheinbrücke, in der Absicht sich umzubringen, vor dem Sprung wirft er seinen Ehering in den Rhein. Kurz darauf wird er in eine Heilanstalt eingewiesen.

Brahms wohnt jetzt auch im Haus der Schuhmanns und kümmert sich um die Kinder, wenn Clara auf Konzertreise geht. Clara bringt noch ein Kind Roberts zur Welt.

Nach vier Jahren verlässt Brahms Düsseldorf und geht nach Detmold. Clara verteilt ihre Kinder unter der Verwandtschaft auf und behält nur die beiden kleinen Kinder bei sich und widmet sich ganz ihrer Karriere als Pianistin.

1888 vernichten Clara und Johannes ihren umfangreichen Briefwechsel fast vollständig, nur Clara hält ein paar Briefe zurück.
Hatten die beiden etwas zu verheimlichen? Ja hatten sie, aber keine Bettgeschichte, sondern eine glücklose, verzehrende Leidenschaft, die bis an ihr Lebensende anhielt.

Joachim Reiber hat ein Buch mit dem Titel „Duett zu Dritt Komponisten im Beziehungsdreieck“ geschrieben, dort stellt er die Beziehung Clara und Robert Schumann und Johannes Brahms einfühlsam und kenntnisreich dar.
Die Schlüsselszene für die komplexe Beziehung der Drei, ist der Besuch von Clara und Johannes, kurz vor dem Tod Roberts, in der Heilanstalt.
Johannes schreibt darüber an einen Freund: „Ich erlebe wohl nie wieder so Ergreifendes, wie das Wiedersehen Roberts und Klaras. Er lag erst länger mit geschlossenen Augen, und sie kniete vor ihm, mit mehr Ruhe, als man es für möglich glauben sollte. Er erkannte sie aber hernach und auch an dem folgenden Tag. Einmal begehrte er deutlich, sie zu umarmen, schlug den einen Arm weit um sie.“ und dann: „Sprechen freilich konnte er schon länger nicht mehr, nur einzelne Worte konnte man (vielleicht mehr sich einredend) verstehen. Schon das musste sie beglücken. Er verweigerte öfter

den gereichten Wein, von ihrem Finger sog er ihn manchmal begierig und lange ein und so heiß, dass man bestimmt wusste, er kannte den Finger."

Vor diesem Besuch gab es Hoffnung für Klara und Johannes auch auf eine körperliche Liebesbeziehung, Joachim Reiber hat dafür zahlreiche Belege in der Korrespondenz der beiden gefunden.
An seinen Freund Joachim schreibt Johannes: „Ich muss mich oft mit Gewalt halten, dass ich sie nicht ganz ruhig umfasse und gar – ich weiß nicht, es kommt mir so natürlich vor, als ob sie es gar nicht übelnehmen könnte. Ich meine, ein Mädchen kann ich gar nicht mehr lieben, ich habe sie wenigstens ganz vergessen; die versprechen doch nur den Himmel, den Clara uns geöffnet zeigt."

Nach diesem Besuch bei Schumann in der Anstalt, ist eine körperliche Beziehung undenkbar. Joachim Reiber schreibt: „Johannes und Clara liebten einander, bis zuletzt, auch über den Dritten."
Beide versuchten eine körperliche Beziehung zu einer neuen Person einzugehen. Beide scheiterten.
Im Sonett mit der Opus Zahl 14/4 von Brahms, nach einem Text von Herder heißt es:

„Ach, könnte ich, könnte vergessen sie
Ihr schönes, liebes, liebliches Wesen
Den Blick, die freundliche Lippe die!
Vielleicht ich möchte genesen
Doch ach, mein Herz, mein Herz kann es nie!"

Bei Johannes bleibt es eine Schwärmerei, bei Clara führt der Versuch ins Bett, sie hat eine Beziehung zu einem etwas jüngeren Musiker, einem glühenden Verehrer von Robert, er ist hoch verschuldet und spielsüchtig. Clara zahlt seine Schulden und gibt ihm Geld, mit dem Versprechen, seine Spielsucht zu beenden. Er verspielt das Geld und Clara wendet sich von ihm ab.

Joachim Reiber schreibt: „So blieben sie allein: Clara Schumann als Witwe im hochgeschlossenen Habit, Johannes Brahms als Junggeselle in spröder Hagestolz-Fasson..... Doch in Wahrheit steckten in diesen zwei alt Gewordenen noch immer zwei Liebende, die ein heftiges Intimleben hatten. Die Musik ermöglichte es: eine Sprache, die den Seelen Geheimnisse zuflüsterte und auch den Körpern Lust machte. „Lieber Johannes, welche Schätze sammle ich!", schrieb noch die 74-jährige Clara an den 60-jährigen Brahms, der ihr gerade wieder ein Stück von sich geschickt hatte. „Das ist ja ganz wunderbar, wie es in Dir aussieht, wie das sprudelt, leuchtet, säuselt und wieder packt durch Größe und Tiefe der Gedanken! Ich bin ganz hingenommen davon ... Nun, Du weißt, welche Freude Du mir durch Deine Sendungen machst, und dass ich Deine Musik ganz in mich aufnehme ...!“

Clara Schumann, der alten Frau, war das Erotische nicht abhandengekommen. Und Johannes, ihr Wonnespender, stand zu Diensten.“

Anrührend beschreibt Joachim Reiber das Auftreten von Johannes beim Begräbnis von Clara: „Er sei erst zum Schluss der Zeremonie angekommen, meinten manche. Andere aber wussten: er war rechtzeitig dagewesen, hatte sich aber weinend hinter Büschen verborgen, um erst ganz zuletzt ans offene Grab zu treten.“

Clara Schumann und Johannes Brahms waren ein Paar, das nur in Ihrer Kunst zusammenfand, aber das für ihr ganzes Leben.

Anmerkung: In dem Film „Geliebte Clara“ ist Martina Gedeck eine wunderbare Clara.

Quellen:
Johannes Brahms, Wki
Jachim Reiber „Duett zu Dritt Komponisten im Beziehungsdreieck“
Clara Schumann wiki

Marietta di Rigardo und Ludwig Thoma

Ludwig Thoma hat derbe, lustige, feinsinnige und dramatische Texte geschrieben. Die ganze Bandbreite der menschlichen Gefühle kommt in seinen Texten vor. Im Folgenden einer seiner feinsinnigsten Texte:

Im Wald is so staad,
Alle Weg san vawaht,
AlleWeg san vaschniebn,
Is koa Steigl net bliebn.
Hörst d' as z'weitest im Wald,
Wann da Schnee oba fallt,
Wann si 's Astl o'biagt,
Wann a Vogel auffliagt.
Aba heunt kunnts scho sei,
Es waar nomal so fei,
Es waar nomal so staad,
Daß si gar nix rührn tat.
Kimmt die heilige Nacht.
Und da Wald is aufgwacht,

Schaugn de Has'n und Reh,
Schaugn de Hirsch übern Schnee.
Hamm sie neamad net gfragt,
Hot's eahr neamad net gsagt,
Und kennan s' do bald,
D' Muatta Gottes im Wald.

Thoma hat den Mächtigen des Kaiserreiches einen Spiegel vorgehalten, in dem sie lächerlich waren. Das war mutig, er hat sich gegen die Mächtigen gestellt. Er hat gegen Spießertum und Militarismus angekämpft. Seine Aufgeschlossenheit hatte aber Grenzen, wenn es um das Verhältnis zwischen den Geschlechtern ging, blieb er ein Leben lang ein Spießer. Marietta di Rigardo hat das zu spüren bekommen.

Der folgende Text basiert auf dem Buch von Martha Schad: Ludwig Thoma und die Frauen" (Allitera Verlag) und auf einer Schrift von Bernhard Gajek veröffentlicht von der Uni Regensburg.

Thoma hat Marietta bei einem Fest kennengelernt, das er anlässlich der Fertigstellung seines Romans „Andreas Vöst" gab. Sein Verleger brachte Marietta und ihren Mann mit. Das Ehepaar betrieb in Berlin ein Kabarett, in dem

Marietta die Attraktion war. Mariettas Mutter war Kreolin, der Vater, ein Schweizer, war Plantagenbesitzer, Marietta wurde in der Schweiz erzogen.
Der Maler Slevogt hat die Tänzerin Marietta in einem Bild verewigt.
Sie ist dunkelhäutig, mit einem schlanken, sehr weiblichen Körper, rabenschwarzen Haaren und einem sensiblen, eigenwilligen Gesicht.

Thoma wirbt mit Nachdruck um Marietta, dass sie verheiratet ist kümmert ihn nicht, der Ehemann ist für ihn nur ein Hindernis, das beseitigt werden muss. Marietta gibt schon bald nach, Thoma ist ein Bestseller Autor, und wird Thomas Geliebte. Sie zieht zu Thoma nach München. Das Kabarett in Berlin ist ohne Marietta ruiniert, Thoma kauft mit 15.000 Reichsmark Marietta von ihrem Ehemann frei.
Thoma will Marietta unbedingt heiraten, für ihre Scheidung engagiert er einen versierten Anwalt. Marietta muss schuldlos geschieden werden, wenn er der Scheidungsgrund ist, kann sie ihn nicht heiraten, so ist die Rechtslage. Am Ende gelingt es, Marietta heißt nun Marion Thoma.

Es gibt eine kleine Geschichte, die der Zeichner Olaf Gulbransson, sein Kollege beim Simplicissimus, überliefert hat. Auf einer Feier tanzt die schöne Marietta, nunmehr Marion, auf dem Tisch, angefeuert von den Simplicissimus Kollegen. Thoma schaute eine Weile zu, dann wird es ihm zu bunt, er will einen, mit dem sie flirtet, stellen und zum Duell fordern. Lakonischer Kommentar vom Frauenkenner und Kollegen Simplicissimus Zeichner Freiherr von Reznicek: „Dann kannst Du gleich ein Maschinengewehr nehmen." (zitiert nach Martha Schad: Ludwig Thoma und die Frauen" (Allitera Verlag)

In den Lausbubengeschichten Teil 2, „Tante Frieda" setzt Thoma seiner Marion ein Denkmal. In der Cora, der dunkelhäutigen Besucherin aus Übersee, ist unschwer Marion zu erkennen.
Cora wird in seiner Geschichte von den Tanten in der Familie angefeindet und beleidigt, weil sie anders ist. Sie ist offen und unverstellt, sie trägt auch kein Korsett, die Anfeindungen trägt sie mit Gelassenheit. Der männliche Teil in der Geschichte, ob jung oder alt, ist von Cora hingerissen.

Thoma schreibt in einem Brief: „Daß sie nicht einmal die konventionelle Lüge beherrscht, ist wundervoll." (zitiert nach Martha Schad: Ludwig Thoma und die Frauen" (Allitera Verlag)

Ludwig und Marion Thoma hatten ein paar gute Jahre, die enden, als Thoma einen Brief, der an Marion gerichtet war, öffnet, aus dem hervorging, so glaubte es jedenfalls Thoma, dass Marion ihn betrog. Marion bezeichnete den Brief als Verleumdung. Thoma fühlte sich in seiner Mannesehre gekränkt, der Zauber Marions war dahin, sie war untreu. Mit einer untreuen Frau konnte Thoma nicht leben.

Ob in dem konkreten Fall Marion untreu war, wurde nicht aufgeklärt, eine geplante Aussprache mit dem vermeintlichen Liebhaber Marions war geplant, kam aber nicht zustande. Am Ende war es egal, ob Marion untreu war oder nicht, auch Marion war verletzt, weil Thoma ihr nicht glaubte. Beide wollten die Scheidung.

Es ist wie in den Lausbubengeschichte, Cora alias Marion wird ohne ihr Zutun Gegenstand für Verleumdungen. Der berühmte, bodenständige Dichter und die Exotische Schönheit wecken Neid und Missgunst. So ein Idyll, darf nicht sein. Auch gute Freunde tragen dazu bei, das Idyll zu zerstören, Klatsch wird aufgebauscht. Es darf nicht sein, dass diese schöne Frau auch noch treu ist.

Der Karikaturist und Zeichner Thomas Theodor Heine, viele Jahre Kollege von Thoma beim

Simplicissimus, schrieb 1941 den Roman „Ich warte auf Wunder". In diesem Roman beschreibt er, wie Corietta, hinter der unschwer Marion zu erkennen ist, einen Gast in Thomas Tegernseer Hof, so heftig anbaggert, dass dem, Angst und Bang wird. Die Szene, die er beschreibt, ist wenig glaubwürdig, eine so deftige Anmache hatte die schöne Marion nicht nötig. Es ist ja auch ein Roman. Dieser Roman zeigt aber, wie gerne, auch nahe Freunde, an der Legende von der liebestollen Marion arbeiteten.

Ich habe auch eine Frau, die in ihren jungen Jahren eine Schönheit war, und seit vielen Jahren krank ist und auch nicht mehr sprechen kann. Einer meiner engsten Freunde erzählte seiner Frau, dass er der Liebhaber meiner Frau gewesen ist. Als seine Frau mir davon berichtete, war ich erst sehr betroffen, mir wurde aber schnell klar, dass die Erzählung aus Angeberei erfolgt war. Mein Freund hat sich damit gebrüstet der Liebhaber einer schönen Frau gewesen zu sein, wäre meine Frau unansehnlich gewesen, hätte er es nicht getan.

An der Schönheit einer Frau entzündet sich sehr schnell die Phantasie der Männer.
Marion hat Thoma nicht nur ihre Schönheit und ihre Zärtlichkeit geschenkt, das ist in den Brie-

fen Thomas an sie, aus dieser Zeit, dokumentiert, sie hat auch ihren Lebensstil an seine Bedürfnisse angepasst und ist seinem großen Anwesen in Tegernsee, mit den vielen Gästen, als Hausfrau vorgestanden.

Thoma zeigte sich als ehrpusseliger Spießer, der kein Verständnis für seine Frau hat. Wie dem gehörnten Baron, im Roman Effi Briest von Fontane, ist Thoma seine männliche Ehre wichtiger, als die Zärtlichkeit seiner Frau.

Auch nach der Trennung bleiben Marion und Ludwig, für weitere 8 Jahre, gute Freunde, aus den Briefen zu schließen, auch ein Liebespaar, erst als Thoma sich in Maidi von Liebermann verliebt, kommt es zur endgültigen Trennung. In diesen Jahren war für Thoma alles gut, er genoss die Zärtlichkeit Marions, und musste sich nicht davor fürchten, als gehörnter Ehemann verspottet zu werden.
Marion hatte keinen Beruf, bis zu seinem Tod versorgte sie Thoma großzügig.

Nach seinem Tod, der schon drei Jahre nach der endgültigen Trennung erfolgt, wird Maidi von Liebermann seine Erbin. Marion wird im Testament mit 200.000 Mark bedacht, das Erbe geht in der bald einsetzenden Hyperinflation verloren und Marion schlägt sich mit Spanisch

Stunden und einer Hundezucht mühselig durch ein langes Leben. Die beiden Frauen Thomas verbindet ein Leben lang ein abgrundtiefer Hass. Ich habe im Internet nur eine Nahaufnahme des Gesichts von Maidi von Liebermann gefunden. Es ist ein Gesicht, in dem Schläue und Berechnung zu erkennen ist, ich stimme deshalb Frau Schad zu, wenn sie meint, auch diese Ehe wäre nicht glücklich verlaufen.

Nicht nur Frauen gegenüber, zeigte sich Thoma, in seinen letzten Jahren, als Reaktionär, sondern auch gegenüber der Politik. Thoma wird im Krieg als Sanitäter eingesetzt, er transportiert verwundete. Die verletzten, entstellten, ihrer Gliedmaßen beraubten jungen Männer bewirken keine Abkehr von seiner Kriegsbegeisterung, er steht jetzt voll hinter dem Kaiser, den er sooft wegen seiner Unfähigkeit, angegriffen hatte. Das unsagbare Leid, das der Krieg über Europa gebracht hat, führt zu keiner neuen Einsicht. Die neu entstandene Demokratie, nach dem Kriegsende, wird er in derben, dümmlichen Artikeln, anonym, bekämpfen.
Frauen im Parlament überschüttet er mit Bosheiten über ihr Äußeres. Er schreibt auch Hassartikel gegen Juden, das ist irre, da seine

Geliebte Maidi von Liebermann aus einer jüdischen Familie stammt.

Thoma hat Marietta in zwei Stufen verlassen, erst wollte er nicht mehr ihr Ehemann sein, aber noch ihr Liebhaber, dann wollte er auch nicht mehr ihr Liebhaber sein, er hatte ein bürgerliche Frau gefunden, die in allem das Gegenteil von Marietta war, eine Frau, die einen Adelstitel trug, und aus einer wohlhabenden Familie stammte. Marietta hatte ihren exotischen Reiz verloren, Thoma strebte ins bürgerliche Lager.

Im Werk Thomas spielen Frauen nur eine geringe Rolle, er brauchte seine Frauen nicht als Muse, sondern für seine innere Ruhe, um Schreiben zu können. Marietta wurde ein klassisches Opfer eines Mannes, er fand sie eines Tages nicht mehr attraktiv und nahm sich eine neue Frau.

Quellen:
Martha Schad: Ludwig Thoma und die Frauen“ (Allitera Verlag)
https://epub.uni-regensburg.de/27963/52/Jahrbuch_2013_-_Gajek.pdf

Ingeborg Bachmann und Max Frisch

Wohin wir uns wenden im Gewitter der Rosen,
ist die Nacht von Dornen erhellt, und der Donner
des Laubs, das so leise war in den Büschen,
folgt uns jetzt auf dem Fuß.

Dieses Gedicht schrieb Ingeborg Bachmann mit 27 Jahren. Cy Twombly hat sich davon zu einem Bilderzyklus inspirieren lassen, zu sehen in München im Brandhorst Museum.
Mit zweiunddreißig Jahren schreibt Bachmann das Hörspiel „Der gute Gott von Manhattan“. Es ist ein Stück über den Liebesverrat. Der Mann Jan ist der Verräter, Jennifer die Frau, die selbstlos Liebende. Jennifer stirbt, Jan überlebt.

Max Frisch ist von dem Hörspiel so bewegt, dass er Kontakt mit der Autorin aufnimmt. Es kommt zu einem Treffen in einem Café in Paris. In der Folge wird aus Ingeborg Bachmann und Max Frisch ein Liebespaar, und nach einigen zaghaften Versuchen, ein Paar mit einer gemeinsamen Wohnung in Rom.

Vier Jahre später kommt es zum Liebesverrat, Max Frisch zieht aus der gemeinsamen Wohnung aus und zieht mit der 23 Jahre alten Studentin Marianne Oellers in eine gemeinsame Wohnung.
Ingeborg Bachmann ist zu diesem Zeitpunkt 36 Jahre alt. Sie ist eine berühmte Schriftstellerin. Sie erhielt zahlreiche Auszeichnungen, der Spiegel widmete ihr eine Titelgeschichte. Sie publiziert regelmäßig.

Ein Jahr nach der Trennung publiziert Frisch den Roman „Mein Name sei Gantenbein".
In dem Roman gibt es die Figur der Lila, sie ist schön, eitel, selbstverliebt und ständig darauf bedacht sich selbst zu inszenieren.

In ihrem Romanfragment "Requiem für Fanny Goldmann" lässt die Bachmann die Titelfigur, das Buch ihres ehemaligen Geliebten, so beklagen: "Er hatte sie ausgeweidet, hatte aus ihr Blutwurst und Braten gemacht, er hatte sie geschlachtet auf 386 Seiten in einem Buch."

In den nächsten zehn Jahren, bis zu ihrem Tod, publiziert Ingeborg Bachmann nur wenig. Sie wird abhängig von Beruhigungsmitteln und stirbt nach einem Zimmerbrand, den sie selbst, durch Rauchen im Bett, ausgelöst hat, an Entzug, weil die behandelnden Ärzte ihren Tablettenkonsum nicht kannten.

Max Frisch quält sich mit der Schuldfrage, verarbeitet sie in mehreren Romanen und kommt zu dem Schluss, dass er unschuldig schuldig wurde.

Ingeborg Bachmann wurde verlassen und hat gelitten, sie hat ihr Leid nicht in Kunst umsetzen können. Max Frisch konnte das.

Quellen:
Ingeborg Gleichauf: Ingeborg Bachmann und Max Frisch, Piper
Spiegel Online, Ingeborg Bachmann und Max Frisch als Liebespaar
NZZ, Fechten vor verhängten Spiegeln

Mary Godwin und Percy Shelley

In den Filmtheatern ist gerade ein Film über Mary Shelley angelaufen. Dieser Film ist sehenswert. Regisseurin, ist die Filmemacherin Haifaa Al Mansour aus Saudi- Arabien. Der Film zeigt die Auflehnung einer künstlerisch begabten Frau, gegen gesellschaftliche Zwänge. Die Regisseurin konnte da auch eigene Erfahrungen, als Frau in Saudi-Arabien, einbringen.

Als ich den Film sah, war Mary Shelley mir nur als Verfasserin des Frankenstein Romans bekannt, an die Gedichte ihres Gatten hatte ich eine vage Erinnerung aus meiner Schulzeit.

Ein Gedicht, das im Film zitiert wird, kam mir bekannt vor.
Ich kramte in meinen Tagebüchern und fand das zitierte Gedicht von Percy Shelley:

The fountains mingle with the river,
And the rivers with the ocean;
The winds of heaven mix forever
With a sweet emotion;
Nothing in the world is single;

All things by a law divine
In another's being mingle-
Why not I with thine?

See, the mountains kiss high heaven,
And the waves clasp one another;
No sister flower could be forgiven
If it disdained its brother;
And the sunlight clasps the earth,
And the moonbeams kiss the sea; -
What are all these kissings worth,
If thou kiss not me?

Ich war damals 17 Jahre alt und durchlebte zum ersten Mal die Schmerzen der Eifersucht. Ich war verliebt in eine gleichaltrige Schönheit, sie erlaubte mir sie zu küssen, aber ich war nicht der einzige, dem sie dies erlaubte, sie verschenkte ihre Küsse sehr großzügig, auch an eine Freundin.

Beim Wiederlesen des Gedichts, 57 Jahre nachdem ich es abgeschrieben habe, empfinde ich wieder Schmerz, jetzt natürlich aus einem anderen Anlass, nicht aus Eifersucht, meine damalige Eifersucht erscheint mir heute eher wünschenswert, sondern durch den endgültigen Verlust der Liebe.

Mary Godwin war 16 als sie sich in Percy Shelley verliebte und mit ihm durchbrannte. Shelley war nicht nur ein Dichter, der Gefühle in Worte fassen konnte, er war 22 Jahre alt, stammte aus einer reichen, adeligen Familie und war ein beeindruckend schöner Mann, mit einer erotischen Ausstrahlung. Eine Reihe von Gemälden, zeigen das.

Mary Godwin, strahlt auf ihren Gemälden eher Klugheit und Willensstärke aus. Während ihr späterer Gatte, auf seinen Gemälden, einen sinnlichen Mund mit geschwungenen Lippen zeigt, ist Marys Mund schmallippig.

Marys Vater William Godwin gilt "als Begründer des Sozialismus und des politischen Anarchismus. In seinem Werk feierte er die Französische Revolution und prangerte die Ehe als ein unsinniges Monopol an“ (William Godwin Wikipedia).

150 Jahre, bevor die freie Liebe, in meiner Generation, als die allein seligmachende Art des Zusammenlebens der Geschlechter, für kurze Zeit, unter Studenten, zur vorherrschenden

Meinung wurde, lebten Mary und Percy die freie Liebe.

Im Film gibt es eine schöne Szene, in der Percy seiner Mary Vorwürfe macht, weil sie es gar nicht in Erwägung zieht, auch mit seinem Freund zu schlafen, sie würde dadurch doch ihrer beide Ideale verraten.

Die Darstellung der Regisseurin, Mary als diejenige zu zeigen, die unter der freien Liebe auch gelitten hat, kann ich aus eigener Erfahrung bezeugen.
Wie viele Studenten in den 60iger Jahren, war ich in der Theorie von der freien Liebe, als die menschlichere Alternative zur Monogamie, überzeugt. In der Praxis litt ich aber darunter. Ich war, in meiner damaligen Liebesbeziehung, der weniger attraktive, nur wenige Frauen wollten mit mir schlafen, bei meiner oben erwähnten Schönen, die mit mir eine Paarbeziehung einging, war das anders, sie war ständig der Versuchung ausgesetzt, mit anderen Männern zu schlafen, und hat dieser Versuchung auch nicht immer widerstanden und mich damit in große Verzweiflung gestürzt.

Bei Mary und Percy dürfte das ähnlich gewesen sein, nur in der Umkehr der Geschlechterrolle. Percy war körperlich der attraktivere von den beiden, er wurde mehr begehrt als Mary und hat von der freien Liebe mehr profitiert, das heißt aber nicht, dass Mary ihre Ansicht über die freie Liebe geändert hat. Das kommt auch in dem Film zum Ausdruck. Sie erträgt tapfer, die im Film angedeutet Liebesbeziehung Percys mit ihrer Halbschwester.

Mit 18 Jahren schreibt Mary ihr Frankensteinbuch. Das Buch beginnt auf einem Forschungsschiff in der Arktis, auf das sich Viktor Frankenstein flüchtet, nachdem er seine misslungene Schöpfung vergeblich verfolgt hat. Das Buch endet auch auf dem Forschungsschiff, Viktor Frankenstein ist tot, seine Kreatur schleicht sich auf das Schiff und beweint ihn, anschließend kehrt sie ins Eis zurück und sucht den Tod.
Dazwischen erwürgt das Monster, mehr aus Versehen, den kleinen Bruder Viktors. Das Monster behauptet, nur die Ablehnung der Menschen, habe in ihm das Böse entfacht und verlangt von Viktor einen weiteren künstlichen Menschen, eine Frau, damit er friedlich leben kann.
Viktor beginnt mit der Schöpfung eines weiteren künstlichen Menschen, bricht aber den Prozess ab, weil er am Ausgang einer Vereinigung von zwei Unholden zweifelt.

Viktor kehrt nach Genf zurück und heiratet seine Jugendliebe, noch in der Hochzeitsnacht, ermordet das Ungeheuer seine Braut. Viktor ist entschlossen, das Monster zu töten und verfolgt ihn bis in die Arktis und landet, erschöpft und vom Tod gezeichnet, auf dem Forschungsschiff.

Mary hat eine Idee aufgegriffen, die in der Luft lag und sie hat eine Handlung geschrieben, die abwechslungsreich und spannend ist. Einen künstlichen Menschen zu schaffen und den menschlich leiden und Verbrechen begehen zu lassen, ist eine brillante Idee.

Ich beschäftigte mich in den 80iger Jahren mit künstlicher Intelligenz, damals versprachen alle Größen in der Informatik, vollmundig, durch Nachbildung des menschlichen Gehirns in Computern, ein Schlaraffenland für uns Menschen zu schaffen. Sie sind grandios gescheitert. Aus diesen Versprechungen ist nichts geworden.
Marys Frankenstein war damals, unter Informatikern, eine beliebte Lektüre.

Im selben Jahr, in dem Marys „Frankenstein oder der moderne Prometheus“ erstmals veröffentlicht wurde, veröffentlichte Percy seinen „Entfesselten Prometheus“. Schon in den Titeln

zeigt sich die enge Verbundenheit des Paares. Allerdings kommt das Paar zu unterschiedlichen Ergebnissen, während Percy eine Befreiung der Menschheit, durch Abwendung vom Hass und Vergeltungsprinzip und vom strafenden und belohnenden Schöpfergott, zeigt (Wikipedia Prometheus), zeigt Mary die Hybris des Menschen und warnt davor, zu versuchen es den Göttern gleich zu tun. Unterschiedlicher lässt sich der Mythos des Prometheus nicht interpretieren.
In der Ablehnung der gesellschaftlichen Zwänge auf das Individuum waren sie sich einig, über die Wege, das Individuum zu befreien, waren sie unterschiedlicher Meinung.
Der Film von Haifaa Al Mansour zeigt das sehr schön. Als Percy zum ersten Mal das Manuskript für Frankenstein gelesen hat, ist er begeistert, er versucht aber, Mary, seine Sicht auf den Prometheus Mythos aufzudrängen, Mary wert entschieden ab.

Für weitere 6 Jahre leben Mary und Percy nach dem Erscheinen von Frankenstein zusammen, die meiste Zeit in Italien. Im achten Jahr ihres Zusammenlebens verunglückte Percy auf einem Segelturn.
Mary gebar ihm 4 Kinder, nur eines überlebte den Tod des Vaters.

Die gesamte Zeit ihres Zusammenlebens, Ausnahmen waren nur Zeiten in denen Mary, aufgrund des Verlusts ihrer Kinder, unter eine Depression litt, waren beide kreativ in ihrer Kunst. Percy schrieb vor allem Gedichte, Mary Prosa.
Das folgende Gedicht schrieb Percy, als Mary depressiv war:

> My dearest Mary, wherefore hast thou gone,
> And left me in this dreary world alone?
> Thy form is here indeed—a lovely one—
> But thou art fled, gone down a dreary road
> That leads to Sorrow's most obscure abode.
> For thine own sake I cannot follow thee
> Do thou return for mine

Mary schrieb den, im Mittelalter spielenden Roman, "Valperga". In diesem Roman erobert der, geschichtlich verbürgte, Herzog von Lucca, eine kleine fiktive Gemeinde, die von der Gräfin Euthanasia, mit Einsicht und Vernunft, regiert wird.
Der Herzog verleibt seine Eroberung seinem Reich ein und ist besessen davon, sein Reich weiter auszudehnen. Seine Herrschaft beruht auf Gewalt.

Mary stellt dem männlichen Eroberer, der so viel Leid über Europa gebracht hat, es ist die Zeit der napoleonischen Kriege, als Mary den Roman schreibt, das weibliche Prinzip der Einsicht und Vernunft gegenüber. Mary war eine Feministin, 150 Jahre bevor es den Begriff der Feministin überhaupt gab. Ihr Roman wurde 1997 wieder aufgelegt und hat nicht an Aktualität eingebüßt.

Jetzt muss ich etwas nachtragen, Marys Mutter war die Schriftstellerin Mary Wollstonecraft, die mit ihrer Schrift „Verteidigung der Rechte der Frau" ein bahnbrechendes Werk der Frauenrechtsbewegung verfasste (Wikipedia Mary Shelley).

Es ist großartig, vor 200 Jahren hat ein Paar gelebt, das Gedichte und Prosa geschrieben hat, für die sich auch heute noch Leser begeistern. Mary hat nicht nur spannende Texte geschrieben, sondern auch Ideen verbreitet, die, wenn sie mehr Anklang gefunden hätten, sinnlose Kriege verhindert hätten und eine bessere Welt geschaffen hätten.

Mary war nach Percys Tod als Schriftstellerin und Herausgeberin des Werkes ihres Mannes aktiv, ohne ihren Einsatz, wäre das Werk Percys in Vergessenheit geraten.

Percys Vater, hat mit allen Mitteln versucht, dass die radikalen Ideen seines Sohnes in Vergessenheit geraten. Er hat Bücher seines Sohnes aufkaufen und vernichten lassen (Wikipedia).

Mary Godwin und Percy Shelley waren ein Paar auf Augenhöhe. In ihrer Kunst gingen sie getrennte Wege. In der Ablehnung gesellschaftlicher Zwänge stimmten sie überein.

Quellen im Netz:
Mary Shelley Wikipedia
Percy Shelley Wikipedia
Mary Shelley Bilder
Percy Shelly Bilder
Prometheus Wikipedia
Bücher:
Mary Shelley, Frankenstein or the modern Prometheus, The Revised 1831 Edition - Wisehouse Classics
Mary Shelly, Valperga, (Annotated) (English Edition) Kindle Edition

Colette und Bertrand de Jouvenel

Auch über Colette gibt es einen aktuellen Film. Ein Film, der alles richtig macht, eine prachtvolle Auferstehung der Mode des Beginns des 20ten Jahrhunderts, eine dem Leben der Colette, in ihren sehr jungen Jahren, nachgestellten Handlung, ein Schauspieler in der Rolle des Willy, die überzeugend ist. Der Film hat nur ein Problem, die Darstellerin der Colette ist einfach zu schön. Die echte Colette war eine erotische Frau, es gibt Fotos, die das bezeugen, aber sie war keine Schönheit. Keira Knightley ist so schön, dass man ihr die Komplexität, die Colettes Persönlichkeit ausmachte nicht abnimmt. Der Film berührt deshalb nicht. Es ist ein unterhaltsamer Kostümfilm, mit einer sehr schönen Frau, aber kein Film, der auch nur eine Ahnung von dem vermittelt was Colette ausmachte.

Colette hat vor hundert Jahren Bücher geschrieben, die auch heute noch gelesen werden. Colettes Sprache ist mutig, frech, verträumt, humorvoll und vollkommen ungekünstelt.

Hier ein Beispiel aus dem Roman Chérie:

„Er ließ alles mit sich geschehen, glückselig, nachgiebig, schwankend, wiederum einer Faulheit und einer Lust verfallen, die ihm die Augen schloss.

„Geliebte Mummi.....“ murmelte er.

Sie wischte ihm die Ohren ab, zog den Scheitel. Der fein und bläulich Chéries schwarzes Haar zerteilte, tupfte einen Hauch Parfüm auf beide Schläfen und küsste schnell, weil sie sich dessen nicht erwehren konnte, den verführerischen Mund, der so nahe bei ihr atmete. Chérie öffnete die Augen, die Lippen, streckte die Hände aus ...Sie schob ihn beiseite:

„Nein! Dreiviertel eins! Fort und lass dich nicht mehr bei mir blicken!“

„Niemals?“

„Niemals!“ lachte sie, hingerissen von ihrer Zärtlichkeit.

Allein, hatte sie ein stolzes Lächeln, dann seufzte sie in entspannter Begehrlichkeit und lauschte auf Chéries Schritte im Hof. Sie sah, wie er die Gittertür öffnete und wieder schloss, wie er sich mit einem beflügelten Schritt entfernte und sofort von der Begeisterung dreier Laufmädchen begrüßt wurde, die Arm in Arm über die Straße kamen:

„Ei, nicht möglich - ein feiner Herr! ....Bitte sich zu bedienen ?“

Aber Chérie - blasiert - drehte sich nicht einmal um.“

Chérie wurde 2008 mit Michelle Pfeiffer verfilmt, es ist ein wunderbarer Film. Frau Pfeiffer ist eine Frau in den reifen Jahren, die noch einmal der Liebe verfällt, sie spielt das großartig.

Als Colette eine Liebesbeziehung mit ihrem 16 Jahre alten Stiefsohn beginnt, ist sie 47 Jahre alt, eine erfolgreiche Schriftstellerin und wurde gerade zum Ritter der Ehrenlegion ernannt. Sie schreibt Bestseller und leitet das Feuilleton einer großen Tageszeitung. Ihr Mann Henri de Jouvenel leitet diese Zeitung (Le Matin).

Bertrand de Jouvenel war ein auffallend hübscher Junge. Bilder belegen das. Er war auch aufgeweckt und an der Schriftstellerei interessiert. Er veröffentlichte in seinem späteren Leben vor allem politische Schriften aber auch Romane. Vier Jahre lang war er der Liebhaber von Martha Gellhorn, der US amerikanischen Journalistin und späteren Ehefrau von Ernest Hemingway. Auch im hohen Alter war er noch ein sehr schöner Mann.

Was hat Colette damals geritten eine so halsbrecherische Beziehung einzugehen.

Was ich jetzt schreibe ist reine Fiktion, aber es ist einfach spannend sich vorzustellen, wie es gewesen sein könnte.

Colette hatte alles erreicht, was sie sich erträumt hatte, sie war eine berühmte Schriftstellerin, hatte einen angesehenen und ebenfalls erfolgreichen Mann.

Ich denke sie suchte einen Kick. Ihr Leben war langweilig geworden. Ihre weibliche Anziehungskraft hatte zu schwinden begonnen, ihr Ehemann fing gerade an sich nach anderen Frauen umzusehen, er begehrte sie nicht mehr. Ihr Roman Chéri war fast fertig, sie beschrieb dort die Liebesbeziehung einer reifen Frau, zu einem um 30 Jahre jüngeren Mann. Ihre Phantasie steckte noch immer in diesem Text. Sie hatte eine Beziehung beschrieben, die sie nur in der Phantasie kannte.

Da bot sich ihr, in ihrer eigenen Familie, die Gelegenheit, diese Phantasie Realität werden zu lassen.

Es war die gleiche Konstellation wie in ihrem Roman, eine erfolgreiche Frau Mitte vierzig und ein hübscher Junge von 16 Jahren.

Dieser Junge war nicht nur hübsch, sondern auch sensibel und er konnte seine Gefühle sprachlich artikulieren.

Ich denke Colette ist in dieses Abenteuer nicht hineingeschlittert, sondern hat es bewusst gesucht. Ihre Liebesbeziehung mit Bertrand hat 5 Jahre gehalten, dann hat Colette die gleiche Erfahrung gemacht, wie ihre Romanheldin in Chérie, der Jüngling hat sie verlassen, sie wurde ihm zu alt.

Ich denke es ist der seltene Fall, dass eine Schriftstellerin eine Erfahrung sucht, die sie in einem abgeschlossenen Roman gemacht hat.

Der folgende Text basiert auf der Biografie Colettes der Schriftstellerinnen Claude Francis/Fernand Gontier. Nur wörtliche Zitate sind unter Anführungszeichen.

„Bertrand ist großgewachsen, schlank und sportlich. Mit Begeisterung liest er Werke über Geschichte, Wirtschaft und Politik. Er lebt bei seiner Großmutter mütterlicherseits, einer zarten Frau, die immer eine Schale mit Rosenblättern in Reichweite stehen hat.“

Colette versucht ihren Mann dazu zu überreden seiner geschiedenen Frau den Adelstitel abzuerkennen. Colette möchte die einzige Baronin de Jouvenal sein.

Bertrands Mutter schickt ihn mit einem Blumenstrauß zu Colette, um diese milde zu stimmen. Es ist die erste Begegnung des zukünftigen Liebespaares.

„Bertrand ist sechzehn Jahre alt. Seine Mission bereitet ihm fürchterliche Angst. Nachdem er in den Salon geführt worden ist, versteckt er sich in der düstersten Ecke des Raumes, hinter dem Klavier. Plötzlich geht die Tür auf, Colette „klein, gedrungen, schnell und kraftvoll", geht zielstrebig zur Fenstertür, die zum Garten hinausführt. Sie kann niemanden sehen, murmelt: „Wo ist denn nun dieses Kind?", entdeckt Bertrand und stürzt auf ihn zu. Er spürt ihre Kraft, eine „Kraft, die mich sanft umwarf.... Aber auf den ersten Blick... vertraute ich mich dem Schutz Colettes an, den mir ihr erster Blick auch verheißen hatte."

Im Sommer kommt auch Bertrand auf dem Familienbesitz der Jouvenels am Meer. Colette ist auch da, als sie am Strand einmal den Arm um Bertrands Taille legt, spürt sie sein Zittern. Als sie ihm an einem Abend einen Gutenachtkuss gibt, lässt er die Lampe fallen, die er in der Hand hält.

Drei reife Damen halten sich auf dem Familienbesitz auf, sie beschließen, dass eine von ihnen Bertrand sexuell initiieren soll. Die Wahl fällt auf Germaine Beaumont. Doch der Versuch schlägt fehl, Bertrand verlässt mit Tränen in den Augen sein Zimmer, in dem ihn Germaine aufsuchte.

Daraufhin nimmt sich Colette seiner an. Sie macht ihn zum Mann und zu ihrem Liebhaber, von dem sie bald ganz und gar eingenommen ist. Sie hat ihn ganz in der Hand und Bertrand schenkt ihr fünf Jahre lang seine ganze Liebe.

Colette will wieder jünger wirken, sie lässt ihr Gesicht straffen und unterzieht sich einer Verjüngungskur mittels Infusion von jungem Blut.

Sie reist im folgenden Sommer mit Bertrand nach Algerien und sie sehen die schöne Nackttänzerin Yamina. Colette bietet Bertrand eine Nacht mit Yamina an. Bertrand lehnt ab, er ist ganz im Bann Colettes, er liebt sie als Frau und bewundert sie als Schriftstellerin.

Während ihrer Liebesbeziehung zu Bertrand, inspirierte dieser sie zu einem neuen Roman, der unter dem Titel „Unreifes Getreide" in der Zeitung erschien, in der der Vater Bertrands Chefredakteur war. Aufgrund von Protesten von Lesern musste die Veröffentlichung eingestellt werden. Den Lesern war der Roman zu unmoralisch, es kommt darin eine reife Frau vor, die einen Jüngling in die Liebe einführt.

Die Geschichte beruht auf Tatsachen, Colette hatte einen Flirt Bertrands mit einem jungen

Mädchen mit dem „Eifer einer Kupplerin und der Neugier einer Forscherin gefördert".

Weil die Texte von Colette gar so schön sind auch hieraus eine Kostprobe.

Es ist die Szene, in der der Jüngling Philippe, der Liebhaber von Frau Dallerey wird:

„Mit dem Rand seines Ärmels blieb er an einem Löffel hängen, der mit einem leichten Glöckchenklang auf den Teppich fiel.

„Wie ungeschickt!" rügte sie. „Warten Sie!"

Sie fasste sein Handgelenk mit der einen Hand, während sie mit der anderen seinen Ärmel bis über den Ellbogen zurückstreifte. So hielt sie seinen nackten Arm fest umschlossen in ihrer warmen Hand.

Lassen Sie mich los!" rief Phil sehr laut mit einer heftigen Armbewegung. Eine Untertasse fiel in Scherben zu seinen Füßen. Durch das Rauschen seiner Ohren tönte der Widerhall von Vincas kleinen Schrei: „nein, nein, lass nur."

Er warf auf Frau Dallerey einen erzürnten und forschenden Blick. Sie hatte sich nicht gerührt, und ihre Hand, die er verschmäht hatte, lag offen auf ihrem Schoß, wie eine hohle Muschel. Eine Weile prüfte Philippe ihre vielsagende Reglosigkeit. Er senkte den Kopf, erlebte das Vorüberstreifen unzusammenhängender, unausweichlicher Bilder – von Flügen, wie man im Traum fliegt; vom Stürzen, wie im Augenblick des Tauchens, wenn die Wogen anschlagen gegen das nach unten gekehrtem Gesicht. Und dann legte er schwunglos, mit überlegter Langsamkeit und kaltem Mut, seinen nackten Arm in die offene Hand zurück.

Als Philippe die weiße Dame verließ, mochte es halb zwei Uhr morgens sein."

Eine so sensible und keusche Darstellung eines Liebesverhältnisses einer reifen Frau zu einem noch sehr jungen Mann ist in der Literatur sicher einmalig.

Colette bemüht sich ihr Liebesverhältnis zu Bertrand geheim zu halten. Sie schläft mit dem Vater und dem Sohn. Der Vater macht in der Politik Karriere. Eine Weile geht das gut, aber die Liebesbeziehung zwischen Colette und Bertrand ist zu eng, der Baron bemerkt, was zwischen seinem Sohn und seiner Frau abgeht und ist empört. Er ist nicht nur als Ehemann über die Untreue seiner Frau verletzt, es geht auch um seine berufliche Karriere. Gerüchte über das Liebesleben Colettes gelangen in die Öffentlichkeit.

Schon einmal hatte er einen Posten nicht bekommen, er sollte Frankreichs Botschafter in Berlin werden, da erschien ein Bild von Colette in einer großen deutschen Tageszeitung, wie sie auf einer Varietébühne nackt als Phryné tanzt, mit der Unterschrift: „Die künftige Botschafterin der Franzosen".

Die Familie Jouvenel wendet sich von Colette ab und beschließt Bertrand zu verheiraten. „Henri de Jouvenel hält im Frack und hellgelben Handschuhen, im Namen seines Sohnes, um die Hand von Mademoiselle de Ricqlès an. Vor dem Verlobungsessen besucht Bertrand Colette. Beim Fortgehen bleibt er noch einmal im Garten stehen, hebt den Kopf und sieht Colette am Fenster im zweiten Stock stehen. Ein Stück Papier flattert auf den Boden zu seinen Füßen, er hebt es auf und liest: „Ich liebe dich." ... Bertrand geht wieder zu Colette hinauf und vergisst das Verlobungsessen. Der Skandal ist perfekt."

Der zweite Versuch klappt. Diesmal ist die Auserwählte eine „entzückende, elegante, intelligente und kunstinteressierte junge Frau."

Bertrand wird in Cannes in ein Hotel einquartiert, das neben dem Hotel seiner zukünftigen Verlobten liegt. Bertrand ist unschlüssig. Colette ist auch im Süden und trifft sich mit Bertrand zum Mittagessen in einem Hotel. Am Ende des Tages nimmt sie ihn mit auf ihr Zimmer, wo sie ernsthaft ihre Zukunft erörtern. Soll Bertrand auf die Heirat verzichten? Er erklärt sich bereit, Colette sein Leben zu widmen, falls sie es so will. Das Gespräch dauert viele Stunden. Im Morgengrauen kommen sie schließlich überein, ihre Beziehung zu beenden."

Auf der Rückfahrt nach Paris, ist ein Mitreisender der Edelsteinhändler Maurice Goudeket, auch er ist deutlich jünger als Colette, aber kein Jüngling mehr. An ihre Freundin schreibt sie mit der Vorahnung, dass etwas Gutes in ihr Leben getreten ist: „Ich werde eine großartige Rückreise per Auto erleben."

Dreißig Jahre, bis zu ihrem Tod wird Maurice sie liebevoll umsorgen.

Quellen:

Colette Wiki

Bernard de Jouvenel Wiki

Claude Francis/Fernand Gontier, Colette Biografie, Europäische Verlagsanstalt, 1998

Henri Matisse und Lydia Delektorskaya

2009 gab es in Hamburg eine Ausstellung von Bildern von Matisse. Ich machte eine Führung mit, bei einem Gemälde, für das Lydia Delektorskaya Modell stand, erklärte der Vortragende, aufgrund dieses Bildes wäre damals in der Familie Matisse eine Ehekrise ausgebrochen, Amélie Matisse hätte ihren Gatten der Untreue bezichtigt.
Sie finden dieses Bild im Netz unter: girl on a red background, portrait of lydia delectorskaya
Es zeigt nicht die nackte Lydia, das kam erst später, sondern die züchtig angezogene Lydia, trotzdem ist für jeden Betrachter klar, dass der Maler sein Modell als sehr erotisch empfunden hat.
Der Vortragende erzählte, dass es in der Kunstgeschichte unterschiedliche Meinungen darüber gibt, ob Matisse und Lydia miteinander geschlafen haben und ergänzte, wenn man das Bild genauer anschaut, dann haben sie. Amélie Matisse hatte allen Grund zur Eifersucht.

Hilary Spurling, hat eine Biografie über Matisse geschrieben und kommt zu einem anderen Ergebnis. Sie schreibt: "If Matisse made love to Lydia, it was on canvas."
Die Meinung des Vortragenden ist leicht erklärbar, es ist die menschliche Lust an der körperlichen Vereinigung. Matisse hat Lydia begehrt, das ist in seinem Bild zu sehen, er hat 20 Jahre lang mit ihr unter einem Dach gelebt, es ist schwer zu verstehen, wenn er nicht mit ihr geschlafen hat.
Genau das, sagt aber Frau Spurling.
Um Frau Sperling zu verstehen müssen wir etwas mehr über Matisse und Lydia erfahren. Der Folgenden Text ist eine sehr freie Übersetzung aus Ihrem Buch.
Als Lydia das erste Mal das Haus von Matisse betritt, arbeitet Matisse an seinem Gemälde" Der Tanz" (Zu finden unter: Matisse der Tanz). Er braucht ein Aktmodell. Lydia wird dieses Modell.
Lydia ist 22 Jahre alt. Sie ist eine Emigrantin aus Russland. Sie ist Studentin der Medizin. Sie hat keine Mittel, um ihr Studium fortzusetzen. Emigranten erhalten keine Arbeitserlaubnis. Sie jobbt als Model und Tänzerin. Sie ist mit einem Emigranten verheiratet, der ebenfalls in prekären finanziellen Verhältnissen lebt.
Als das Gemälde "Der Tanz" beendet ist, wird Lydia entlassen.

Während ihrer Tätigkeit als Modell, machte sich Lydia im Haushalt Matisse nützlich, sie macht das sehr effektiv und ohne sich für irgendetwas zu schade zu sein.
Amélie Matisse erkrankt, der Matisse Haushalt ist vernachlässigt. Amélie nimmt Kontakt zu Lydia auf und bietet ihre eine Anstellung als Haushaltshilfe an.
Lydia nimmt an. Der Haushalt Matisse läuft wieder in geordneten Bahnen. Lydia pflegt Amélie, schmeißt den Haushalt und kümmert sich, bei Bedarf, auch um die Enkel.
Matisse steckt in einer künstlerischen Krise. Er ist unzufrieden mit seiner Produktion, er fühlt sich ausgebrannt, er kann seine künstlerischen Vorstellungen nicht umsetzen, er ist aggressiv und unleidlich zu seiner Familie.
Eines Tages bittet er Lydia für ihn Modell zu stehen. Lydia willigt ein und es entstehen einige Porträts. Die künstlerische Produktivität von Matisse nimmt wieder Fahrt auf, er experimentiert viel. Seine Vorstellung von der Reduktion der Linien und der Gleichstellung von Linie und Farbe nimmt Gestalt an. Matisse verfällt in einen quälenden Schaffensrausch. Es kostet ihn unsägliche Mühe sich seinem Ziel zu nähern, es gibt täglich Rückschläge. Er zeichnet, malt, verwirft seine Schöpfung und beginnt neu.
Lydia wird als Modell unentbehrlich.

Lydia fängt an seine Entwürfe zu ordnen, mit der Kamera zu dokumentieren, und verbal zu beschreiben, Matisse ist sehr skeptisch über diese Vorgehensweise, akzeptiert sie aber und beteiligt sich auch an der Dokumentation.

Und jetzt kommt Amélie und fordert: sie oder ich.

Matisse entscheidet sich für Amélie. Lydia muss gehen. Matisse leiht ihr zum Abschied 500 Franc. Lydias Ehemann verspielt das Geld in einer Nacht in Monte Carlo.
Lydia versucht sich in die Brust zu schießen. Der Revolver klemmt aber.
Sie nimmt an einem schlecht bezahlten Wettbewerb im Dauertanzen teil, um ihre Schulden bei Matisse zu bezahlen. Matisse erfährt davon und ist bestürzt und beeindruckt.
Amelie ist das Zusammenleben mit dem ewig schwierigen, fordernden und übellaunigen Matisse satt und verlässt ihn. Die seit einigen Jahren stabile finanzielle Situation lässt das zu.

Matisse holt Lydia zurück.
Lydia ist jetzt 25, Matisse 65. Sie führt den minuziös auf die Bedürfnisse des Malers abgestimmten Haushalt, verteilt die Arbeit auf die Angestellten, steht Modell und kümmert sich,

zusammen mit Margerite, der Tochter von Matisse, um den Verkauf der Bilder.
Matisse widmet sich nur der Malerei und die läuft phantastisch. Die Reduktion der Linien und der Gleichklang zwischen Linien und Farben gelingen. Es entstehen großartige Werke.

Ich schaue von meinem Schreibtisch aus auf seinen Gouache Schnitt "Blauer Akt", den er in seinen letzten Lebensjahren schuf. Er musste aus Krankheitsgründen auf die Malerei verzichten und fing an „mit der Schere zu malen".
Zu finden im Netz unter: Matisse blauer Akt
Das Bild hängt in meinem Arbeitszimmer neben einem Akt von Kirchner und einem Doppelakt von Albrecht Dürer, "Adam und Eva" (zu finden unter: Kirchner, Akt auf blauem Grund und Albrecht Dürer, Adam und Eva aphilia)
Matisse steht in der Tradition der europäischen Malerei, Dürer und Kirchner sind ihm nicht fremd, aber er hat etwas völlig Neues geschaffen.
Es gibt eine Zeichnung. Lydia liegend, mit nackten Brüsten und einem verträumten Lächeln.
Es ist ein betörendes, erotisches und ein unendlich zärtliches Bild.
Leider im Netz nicht auffindbar.

Kein Zweifel, Matisse hat Lydia begehrt und geliebt.
Lydia hat ihm ihre Jugend geschenkt. Sie ist 45 Jahre alt, als Matisse stirbt.
Ohne sie wäre Matisse nicht Matisse geworden. Ohne sie gäbe es die Kapelle in Vence und die farbigen Cutouts nicht, die, darin stimmt die Kunstgeschichte überein, zu den großartigsten Erfindungen der Malerei im 20ten Jahrhundert gehören. Matisse war erschöpft und sehr bald krank, als Lydia zu ihm kam. Er hat als Künstler und Mann nur wegen Lydia überlebt.
Sie hat nach seinem Tod in erster Linie ihre Aufgabe darin gesehen, Matisse zu erklären. Sie hat zwei Bücher zum besseren Verständnis für Matisse verfasst.
Matisse hat für ihre Zukunft gesorgt und ihr wertvolle Bilder geschenkt.

Jetzt zurück zur Aussage von Hilary Spurling Matisse und Lydia hätten nur auf der Leinwand miteinander geschlafen.
Gleich zu Beginn ihrer Rückkehr in das Haus von Matisse, steht Lydia nackt Modell für eine Serie von erotischen Zeichnungen unter dem Titel "Nymphe und Faun". Zu finden unter "matisse nymph and Faun".
Es sind wunderbare, erotische und gleichzeitig zarte Bilder, voll drängender sexueller Gier auf

Seiten des Fauns und einer zugewandten, gar nicht passiven Rolle der Nymphe.
Das steht im Kontrast zu einem früheren Bild von Matisse unter dem Titel "Nymphe und Satyr". Zu finden unter "Matisse Nymphe und Satyr" Hier vergewaltigt der Satyr die Nymphe.
Lydia schreibt in ihren Erinnerungen, dass Matisse mit dem Modell der Nymphe für das Bild "Nymphe und der Satyr", grob und respektlos umgegangen sei, mit ihr aber einfühlsam und verführerisch. "Er war charmant und berührend. Er wusste wie er mich zähmen konnte."

In der täglichen Arbeit mit Matisse, kehrt bei Lydia, ihr Stolz, ihr Selbstvertrauen und ihre Lebenslust zurück. Sie ist nicht mehr die Emigrantin, die, um zu überleben, nur als Modell arbeiten kann und dafür ihren Körper dem Maler auch im Bett zur Verfügung stellen muss. Sie ist die Partnerin eines Genies und sie kennt den Anteil, den sie an der Entstehung seiner Werke hat.

Matisse sagte, "er habe ihr Gesicht und ihren Körper kennengelernt, wie das Alphabet. Er bewegte sie, um seinen rasenden Verstand zu beruhigen und er bewegte sie erneut, um seine Inspiration in Gang zu bringen."

Der Schriftsteller Raymond Escholier charakterisierte Lydias Bedeutung für das Schaffen von Matisse: "Sie inspirierte den Meister wegen ihrer Körperformen, ihrer Schönheit und den Ausdruck ihres Gesichts, sowie ihrer Intelligenz und ihres Geistes."

In seinen späten 60iger Jahren und siebziger Jahren brauchte Matisse all seine Energie für sein Werk. In einer kleinen, belehrenden Geschichte, erzählte er Lydia, von "einem befreundeten Maler, der sein Talent verschwendet hätte, weil er nach jeder Sitzung mit seinem Model ins Bett gegangen sei."

Für Lydia war "Nymphe und Faun" und die Variationen, die noch folgten, der Beginn eines tiefen und andauernden Austausches von Vertrauen und Zuneigung.
Für Matisse war es die Darstellung seines Mysteriums, seiner Beziehung zur Malerei, wobei offen ist, wer der Vergewaltiger und wer das Opfer ist.
Achtung, falls ich mich nicht klar genug ausgedrückt habe, gemeint ist hier nur Matisse, ist er das Opfer der Malerei oder vergewaltigt er die Malerei.
Matisse und Lydia haben darauf bestanden, dass sie nie miteinander geschlafen haben. Bei Matisse könnte das ein Lüge, aus Rücksicht auf die Gefühle von Lydia gewesen sein, bei

Lydia die Scham einer jungen Frau, mit einem so alten Mann, geschlafen zu haben (wie bei Hoki Tokuda), oder der Versuch, Ihrer Rolle im Leben von Matisse, eine Erhabenheit zu geben oder einfach deshalb, weil sie denkt, das geht niemand etwas an.
Ich denke Matisse und Lydia sagen die Wahrheit, und der Vortragende in Hamburg liegt falsch.
Ein Erlebnis, das Jahre zurück liegt, bringt mich drauf. Ich hatte auf einer Skitour eine Art Wettlauf auf den Gipfel, mit einem anderen Tourengeher gemacht. Am Gipfel kamen wir ins Gespräch und er erzählte, dass es außer Tiefschneefahren noch etwas gäbe, was großartig wäre, das war seiner Meinung nach Motorradfahren. „Wenn du dich in die Kurve legst, hinter dir dein Spezl, das ist schöner als mit einer Frau," rief er begeistert aus.
Ich habe ihm damals widersprochen. Ich war in einer sehr glücklichen Liebesbeziehung, aber richtig ist, es gibt noch einen Kick der sich mit dem Sex messen kann.

Bei Matisse und Lydia war es die Schaffung von Kunst und die damit verbundene Unsterblichkeit. Hinter diesem Kick war die Lust, an einer körperlichen Vereinigung, icht mehr so wichtig.

Einen Tag vor seinem Tod, kam Lydia mit frisch gewaschenen Haaren an das Bett von Matisse, sie hatte ihre Haare mit einem Handtuch zu einem Turban hochgesteckt. Sie betonte damit den klassischen Ernst und die Reinheit ihres Profils, das Matisse so oft gezeichnet und gemalt hatte. Er griff zu einem Block und einem Stift, die neben seinem Bett lagen und zeichnete das letzte Portrait von Lydia, dann hielt er es in Armlänge in die Höhe, um seine Qualität zu prüfen und murmelte „es geht".

Quelle:

Hilary Spurling, Matisse the Master, übersetzt von Jürgen Blasius: *Matisse – Leben und Werk.* DuMont, Köln 2006, ISBN 3-8321-7704-3.
Raymond Escholier, Matisse. Ce vivant, Paris 1956

Ernst Ludwig Kirchner, Doris Große und Erna Schilling

In der Pinakothek der Moderne in München gibt es wichtige Werke von Ernst Ludwig Kirchner. Ich wohne nur 500 Meter entfernt und besuche manchmal das Museum, nur um die Bilder von Kirchner zu sehen. Ebenfalls in erreichbarer Entfernung, am Starnberger See, liegt das Museum der Phantasie, auch dort sind bewegende Gemälde von Kirchner zu sehen.
Kirchners Bilder sind aufgeladen mit einer schmerzhaften Spannung, es sind Bilder, die im Kopf des Betrachters eine Explosion von Gefühlen auslösen.
Das interessante an seinen Bildern ist, dass der Gefühlssturm, den sie auslösen, für dasselbe Bild, ein paar Wochen später, völlig unterschiedlich ausfallen kann.
Kirchner ist ein Großer in der Malerei.
Ich mag die Bergbilder, aus seiner Davoser Zeit und die Landschaftsbilder, die auf Fehmarn entstanden sind, aber richtig unter die Haut gehen mir seine Frauenportraits.
In diesen Portraits gibt es einen Bruch, der auch mit seinen Modellen zu tun hat.

In meinem Arbeitszimmer hängt ein Poster aus dem Museum der Phantasie, es hat den Titel. “Akt auf blauem Grund“. Modell für dieses Bild war Doris Große, genannt Dodo. Das Bild stammt aus Kirchners Dresdner Zeit. Dodo war Modell und Geliebte Kirchners. Das Bild zeigt eine Frau, die unverstellt ihre Nacktheit zeigt. Ihre Schenkel sind geöffnet, ihre Schamhaare dominieren den unteren Bildteil, ihr freimütiger und ein wenig katzenartiger Gesichtsausdruck, den oberen Teil.
Sie finden das Bild unter: Kirchner, Akt auf blauem Grund 1911
Noch mehr mag ich ein weiteres Bild mit Dodo als Modell, zu finden unter:
Kirchner, weiblicher Akt mit Hut. Das Original hängt in Köln im Museum Ludwig.

Dodo war Modistin und entwarf exzentrische Damenhüte.

Zu diesem Bild gibt es ein sehenswertes Video, das Sie unter dem gleichen Suchbegriff finden und aus dem die folgenden Zitate stammen:
Das Bild zeigt „die unmittelbar erlebte Berührung des weiblichen Körpers auf der Leinwand.“
„Mit raschen Pinselstrichen gibt Kirchner Einblick in die Intimsphäre seiner Freundin.“

Kirchner könnte zu Dodo gesagt haben, „Trag den Hut, aber zieh das Kleid aus."
„Aufreizend, das schwarz umrandete Rot, blauschimmernde Schatten, eine Haut wie Elfenbein, provozierende Erotik in Zeiten beklemmender Moralvorstellungen."
In seinem Tagebuch, Jahre später, schreibt Kirchner: „Deine feine frische Liebeslust, mit Dir erlebte ich sie ganz, fast zur Gefahr meiner Bestimmung."
Dodo verschenkte großzügig und rückhaltlos ihren erotischen und schönen Körper an Kirchner. Sie tat das als Modell. Sie verstand seine Kunst und wusste, um die Unsterblichkeit, die er ihr mit seiner Malerei verschaffte und sie tat es als seine Geliebte, sie wusste um die Lust und die Kreativität, die ihre Hingabe ihm gewährte.

Als Kirchner Dresden verließ, verließ er auch Dodo. Berlin verhieß neue Erfahrungen, Kirchner hat sich gegen die Liebe und für die Kunst entschieden, als er nach Berlin ging.
Gleich nach seiner Ankunft in Berlin traf er auf Erna Schilling, eine Berliner Nachtclubtänzerin und Gelegenheitsprostituierte.
Er benutzte sie und ihre Schwester Gerda als Modell für seine Kokotten Bildern.
Es entsteht eines seiner Hauptwerke in seiner Berliner Zeit, Potsdamer Platz, Berlin 1914.

Zu finden unter Kirchner, Potsdamerplatz, Berlin.
Es ist ein grandioses, komplexes Bild. Zwei Kokotten stehen auf einer Verkehrsinsel. Die linke Kokotte ist Erna, sie trägt einen Witwenschleier und blickt abweisend nach links, Gerda die schönere von beiden, blickt den Betrachter an, und zeigt ebenfalls ein abweisendes, maskenhaftes Gesicht.
Das Bild hat einen sehr realen Hintergrund. Berlin war damals überschwemmt von Frauen, die aus sozialer Not, der Prostitution nachgingen. Bordelle waren verboten, es blieb nur die Straße, um Freier zu finden. Die Polizei drangsalierte die Frauen, sie durften sich nur durch Federhüte zu erkennen geben, durften aber Freier nicht ansprechen, sonst wurden sie eingesperrt.

Die weiblichen, weichen Formen von Dodo sind vergessen, Kirchner zieht die Frauenkörper in die Länge, macht sie schlank und eckig. Die Figuren von Gerda und Erna sind dafür die Vorbilder.
Ein Jahr früher entsteht ein weiteres grandioses Werk. Es hat den Titel: "Portrait Erna Schilling" und ist auch unter diesem Titel im Netz zu finden.
Erna ist zu diesem Zeitpunkt 31 Jahre alt. Kirchner zeigt eine alte, kranke Frau mit einem

Federhut, dem Erkennungszeichen der Huren in der damaligen Zeit.
Dieses Bild ist grausam und berührend, grausam weil Kirchner, die junge Erna, alt und krank, mit spitzem Kinn und müden Augen zeigt, berührend, weil diese Erna Mitgefühl auslöst, sie ist nicht einfach nur alt und krank, sie zeigt auch ein selbstbewusstes, kluges und empfindsames Gesicht.
25 Jahre lang, bis zu seinem Tod, bleibt Erna die Lebensgefährtin Kirchners. Sie neigt selbst zur Depression und erträgt die viel schlimmeren Depressionen Kirchners.

Kirchner flüchte ins Hochgebirge und hoffte sich davon Linderung von seiner Depression. Er ist morphiumsüchtig. Erna folgt ihm. Die Einsamkeit und Abgeschiedenheit lösen bei Erna eine depressive Grundstimmung aus, die sie in den 20 Jahren, die sie dort verbringt, nie verliert.
Nach 20 Jahren im ungeliebten Gebirge, mutet ihr Kirchner, mit seinem Selbstmord, Unerträgliches zu.
Er fordert sie zu einem gemeinsamen Selbstmord auf. Erna lehnt ab und geht aus dem Haus, um beim Nachbarn, mit Kirchners Psychiater zu telefonieren und ihn um Hilfe zu bitten. Kirchner folgt ihr und erschießt sich, mit zwei Schüssen, vor dem Haus des Nachbarn.

Ich muss noch etwas nachtragen, um Kirchner gerecht zu werden. Er war nicht nur der Egomane, der seine Gefährtin rücksichtslos behandelte. In seinen Tagebüchern berichtet er zärtlich und besorgt über Erna und ist sich der Zumutungen, die er Erna aussetzt, bewusst und auch der wichtigen Rolle, die sie bei der Entstehung vieler Werke spielte.

Als 1919 Erna für einige Zeit zurück nach Berlin fährt schreibt er:

"nun ist sie fort. diesmal fällt mir der abschied schwer. es sind so viel zerstörte hoffnungen, die ich damit zu grabe trage. der letzte tag war gut, und trotzdem weiss ich, dass sie immer sich für ein paar tage zusammen nehmen kann, um dann um so mehr ins gegenteil umzuschlagen, tut es mir doch schrecklich weh, sie so gehen zu lassen. ... ich habe sicher viel schuld. doch ich versuchte es doch oft und immer wieder mit ihr. es ist doch so, dass das verschiedene gefühl für die stillebensetzung des täglichen lebens ausschlaggebend ist für das verhältnis. dabei ist sie innerlich gut. es ist zu schade. und doch muss ich dem werke leben und alles ausschalten was es hemmt. ich habe ja sonst nichts."
tagebuch 20. 10. 1919

Und 10 Jahre später in einem Brief:
“wer hat die bilder also geschaffen, die heute in den museen bewundert werden? sie wohl ebensosehr als ich, vielleicht oft noch mehr, denn viele, viele bilder sind aus ihren mitteilungen entstanden, aus ihrem weiblichen spür- und scharfsinn heraus, ich habe es nur verarbeitet, in form gebracht. die menschen sagen dazu: welch schöne aufgabe, glücklich die frau, die dazu kommt. aber es ist anders. keiner ahnt, wie schwer das ist, es ist entselbung, unterdrückung der eigentlichen weiblichen eigenschaften, es ist titanenarbeit für den menschen, der die menschliche natur kennt, der weiss, wie unsicher der halt ist, der die menschen bindet im allgemeinen.... sie steht deshalb für mich überhaupt an der spitze aller frauen, die ich im leben achten gelernt habe...“
Brief vom 27.3.1929 von elk an elfriede knoblauch

Quellen:

Hyang-Sook Kim, Die Frauendarstellung im Werk von Ernst Ludwig Kirchner. Tectum Verlag, Marburg 2002

Thomas Röske, Kirchner Tanz zwischen den Frauen, Insel Taschenbuch

Magdalena M. Moeller, Höhepunkt des Expressionismus: Kirchners Berliner Stil der Jahre 1911-1914, Eine Ausstellung zum 60. Todestag.

Kirchner, Tagebücher und Brief als PDF, zu finden unter http://www.kuverum.ch/cmsfiles/logbuch/dokumente/87/erna_schilling_kirchner.pdf

Über die Liebe und die Kunst

Das Besondere bei Künstlerpaaren besteht in der Rolle der Verlierer und der Sieger. Bei Paaren ohne künstlerischen Hintergrund, gibt es einen klaren Verlierer und einen klaren Sieger, immer derjenige, der die Paarbeziehung aufkündigt, ist der Sieger. Wenn beide einvernehmlich ihre Paarbeziehung lösen, gibt es zwei Sieger.

Bei Künstlerpaaren ist das anders, der Verlierer in der Paarbeziehung kann zum Sieger werden, wenn es ihm gelingt ein künstlerisches Werk hervor zu bringen, dass aus seinem Leiden, unter der Paarbeziehung, entstanden ist. Man könnte sogar sagen, je grausamer das Liebesleiden ist, desto großartiger ist das Werk, das entsteht. Goethe mit seinen Marienbader Elegien ist dafür das bekannteste Beispiel.

Ein Kunstwerk entsteht aus den Leiden, die der Künstler ertragen musste und der Künstler transformiert sein Leid in Kunst.

Die Frage ist, befreit er sich dadurch von seinem Leid? Ich denke nein, der Verlust der Liebe ist so elementar, da hilft die Kunst nicht. Henry Miller, Claire Bloom, Leonora Carrington, Max Ernst, Man Ray, Marilyn Monroe, Arthur Miller, Gustav Mahler, Camille Claudel, Francis Bacon, Johannes Brahms, Max Frisch haben Kunstwerke geschaffen, aus Ihrem Leid vom Verlust der Liebe haben sie sich dadurch nicht befreit.

Es gibt sie auch, die Entstehung von Kunstwerken aus erfüllter Liebe.
Oda Jaune, Naima Butler, Salvatore Dali, Herti Kirchner, Franz Ruf, Frida Kahlo, Alex Katz, Dorothea Veit, Friedrich Schlegel, Ludwig Thoma, Lisa Halliday, Mary und Percy Shelley sind Beispiele dafür.

Es bleiben noch zwei Geschichten übrig, von Künstler die herausragendes leisteten, unter dem Liebesverlust litten, und bei denen das Liebesleid, keine Spuren im Werk hinterlassen hat, oder doch, ist Salingers „Fänger im Roggen" doch von seinem Verlust von Oonas Liebe beeinflusst, oder hat Billie Holliday Songs gesungen oder erfunden, für die sie Joe Guy inspiriert hat?

Darüber kann nur spekuliert werden, konkrete Anhaltspunkte gibt es nicht. Ich vermute, dass es diese Inspiration gegeben hat.

Der Musenkuss

Im pwc Magazin gibt es von Tobias Keiling einen Beitrag in dem er über das, in unserer Sprache und Kultur enthaltene Wissen, über den Musenkuss nachdenkt.

Er schreibt: „Die Muse verkörpert nicht körperliche Schönheit oder Attraktivität, sondern inspiriertes Können.

Der Musenkuss ist deshalb kein erotischer Kuss. Dennoch ist es entscheidend, dass der Moment der Inspiration in der Mythologie als ein Kuss beschrieben wird. Das ist nicht wörtlich, sondern als ein Bild zu verstehen, das es zu interpretieren gilt: Ein Kuss lässt sich nicht einfordern, ist ein Geschenk und ein Moment persönlichster Zuwendung. Zwar können die Musen etwas Bestimmtes besser als jene, die von ihnen inspiriert werden. Sie sind ja Vorbilder. Aber ein Kuss ist kein Unterricht mit festen Rollen, Übungen und Aufgaben, sondern in einem Kuss kommt das Besondere der Person zum Ausdruck. Das ist die Pointe der mythischen Personifizierung von Inspiration in den Musen: Inspiration stellt sich nur in der ungezwungenen Begegnung zwischen starken Individuen ein."

Weiter schreibt er: „Die Mutter der Musen repräsentiert keine eigene Kunst, vielmehr spielt ihr Name Mnemosyne auf das ‚Gedächtnis' (memória) an. Gemeint ist kein gutes Erinnerungsvermögen und auch kein Faktenwissen, sondern ein Schatz von Erfahrungen, die eine Person begleiten"

In der Antike war die vorherrschende Meinung, dass die Inspiration zur Kunst nur mit göttlichem Beistand möglich wird. Es waren die Musen, die diese Inspiration verschafften. Neun Musen kennt die griechische Mythologie. Sie sind die Töchter von Zeus und der Erinnerungsgöttin Mnemosyne. In der von männlichen Philosophen dominierten griechischen Mythologie sind alle Musen weiblich.

Wie aus unseren Geschichten hervorgeht, stimmt das nicht, auch Männer können eine Quelle der Inspiration in der Kunst sein. Jörg Immendorf, Max Ernst, Ernst Butler, George Dyer, Diego Rivera, Philip Roth, Bertrand de Jouvenel sind Beispiele für männliche Musen.

Interessant ist auch, wie sich das Bild der Musen, im Laufe der Geschichte, verändert hat. Aus dem christlichen Abendland werden die

Musen verbannt, jetzt ist es der Heilige Geist, der zur Kunst inspiriert. Im Hochmittelalter kehren die Musen zurück, allerdings in einer anderen Gestalt, es sind reale Frauen, die zur Kunst inspirieren, aber eine wesentliche Bedingung für die Musen im Mittelalter ist ihre Unnahbarkeit. Es sind Musen, die nicht küssen.

In unseren Geschichten ist das anders, unsere Musen küssen, nur Hoki Tokuda, Clara Schumann, Lydia Delektorskaya könnten da eine Ausnahme sein, allerdings ist umstritten, ob sie wirklich eine Ausnahme waren.

Sicher ist aber, dass nur eine körperliche Liebesbeziehung für die Inspiration zur Kunst nicht ausreichend ist.

Alle Musen in unseren Geschichten waren auch ein Gegenüber. Sie waren entweder selbst künstlerisch tätig, in zwölf von den sechsundzwanzig Geschichten in der gleichen Kunstsparte, oder sie hatten eine herausragende Eigenschaft, die weit über ihre sexuelle Anziehungskraft hinausging.

Der Schriftsteller Raymond Escholier charakterisierte Lydias Bedeutung für das Schaffen von Matisse: "Sie inspirierte den Meister wegen ihrer Körperformen, ihrer Schönheit und den Ausdruck ihres Gesichts, sowie ihrer Intelligenz und ihres Geistes.“

Diese Charakterisierung trifft auch für die Musen Oona O'Neill, Gala Dali, Alma Mahler, Irmi Ruf, Ada Katz, Marion Thoma, Bertrand Jouvenel, sowie Dodo und Erna zu.

Henry Millers Muse Hoki Tokuda war eine Jazzsängerin und hat ihren Lebensunterhalt, auch als alte Frau, noch mit ihrem Gesang verdient. Claire Bloom und Marilyn Monroe waren herausragende Schauspielerinnen.

Erna Kirchner ist eine Muse, die verschiedene Phasen durchlaufen hat. In der Frühphase ihrer Beziehung inspirierte sie Kirchner zu seinen Kokotten Bildern. In den späteren Jahren, war sie nur mehr selten sein Modell, sondern hat dafür gesorgt, dass der depressive und suchtkranke Kirchner überlebt hat und weiter künstlerisch arbeiten konnte. Sie hat dabei eine außergewöhnliche Leidensfähigkeit entwickelt. Es waren keine Musenküsse, die Kirchner von Ihr bekam, es war Überlebenshilfe.

Kirchner hätte sich ohne Erna sehr viele Jahre früher erschossen.

Es bleibt noch George Dyer übrig. Seine Einordnung als Muse fällt etwas aus dem Rahmen. Bacon hatte eine obsessive, masochistische Sexualität, die in seiner Malerei sichtbar ist. Dyer war das Objekt dieser sexuellen Begierde, Bacon hat ihn vernachlässigt, als diese

Begierde nachließ, aber er hat unter dem Tod seines Freundes unendlich gelitten, das ist in seinen Bildern zu sehen. Es war also auch mehr als eine sexuelle Anziehung, die Dyer ausgelöst hat.

Hier noch ein Beispiel von Susanne Fischer für eine dramatisch gescheiterte Künstlerbeziehung, die sich im Spiegel Spezial „Liebe, Laster, Literaten" vom 1.10.1997 findet:

„Und was ist mit der gleichberechtigten, gemeinsamen, sich gegenseitig befruchtenden kreativen Arbeit von zweien, die einander Musen sind? Das kann ja nur schiefgehen wie bei den Performancekünstlern Marina Abramovi'c und Ulay, deren größtes Projekt, "The Great Wall Walk", Krönung ihrer Liebe und ihrer Kunst werden sollte: Sie gingen auf der Chinesischen Mauer aufeinander zu, monatelang, und trennten sich schließlich, als sie sich trafen. "

ISBN 978-3-7485-1013-0
00001
9 783748 510130
www.epubli.de

Printed in Poland
by Amazon Fulfillment
Poland Sp. z o.o., Wrocław

62415018R00125